Marketing en redes sociales

Descubre los secretos de YouTube, Facebook Advertising, LinkedIn, Pinterest, Twitter e Instagram

© Copyright 2019

Todos los derechos reservados. Ninguna parte de este libro puede ser reproducida de ninguna forma sin el permiso por escrito del autor. Los revisores pueden citar pasajes breves en las reseñas.

Descargo de responsabilidad: Ninguna parte de esta publicación puede ser reproducida o transmitida en ninguna forma ni por ningún medio, ya sea mecánico o electrónico, incluyendo fotocopias o grabaciones, ni por ningún sistema de almacenamiento y recuperación de información, ni transmitida por correo electrónico sin el permiso por escrito del editor.

Aunque se ha intentado verificar la información proporcionada en esta publicación, ni el autor ni el editor asumen responsabilidad alguna por errores, omisiones o interpretaciones contrarias de la información aquí contenida.

Este libro es sólo para fines de entretenimiento. Los puntos de vista expresados son los del autor solamente, y no deben ser tomados como instrucciones o mandatos de expertos. El lector es responsable de sus propias acciones.

La adhesión a todas las leyes y regulaciones aplicables, incluyendo las leyes internaciones, federales, estatales y locales que rigen la concesión de licencias profesionales, las prácticas comerciales, la publicidad y todos los demás aspectos de la realización de negocios en los EE. UU, Canadá, Reino Unido o cualquier otra jurisdicción es responsabilidad exclusiva del comprador o lector.

Ni el autor ni el editor asumen responsabilidad alguna en nombre del comprador o lector de estos materiales. Cualquier desprecio percibido de cualquier individuo u organización es puramente involuntario.

Índice

PRIMERA PARTE: MERCADEO EN LAS REDES SOCIALES 0
INTRODUCCIÓN 1
SECCIÓN 1: ESTRATEGIA EN LAS REDES SOCIALES 3
CAPÍTULO 1: ESTABLECIENDO SUS OBJETIVOS 4
    ESTABLECIENDO SUS METAS DE NEGOCIOS 4
        Estableciendo sus metas para las redes sociales 6
        Determinar qué plataformas funcionarán mejor para usted 7
CAPÍTULO 2: ESCOGIENDO SU ENFOQUE 9
    APRENDIENDO LOS BENEFICIOS DE CADA PLATAFORMA 9
CAPÍTULO 3: RIESGOS A EVITAR 13
    EXTENDERSE DEMASIADO 13
    INVERTIR TIEMPO EN LA PLATAFORMA INCORRECTA 14
    NO ABRAZAR LA CURVA DE APRENDIZAJE 15
    MEZCLAR LO PERSONAL CON LO PROFESIONAL 16
CAPÍTULO 4: LOS RIESGOS PELIGROSOS QUE LOS "EXPERTOS" LE CUENTAN 18
    Mito #1: Los análisis de las redes sociales no son importantes 19
    Mito#2: Las redes sociales son solo para conseguir nuevos clientes 20
    Mito#3: Ignore las opiniones y comentarios negativos 21

    Mito#4:"Blank" está muerto *23*

    Mito#5: Si no se está vendiendo, no se está comercializando *24*

SECCIÓN 2: INSTAGRAM **26**

CAPÍTULO 5: ESTADÍSTICAS DE INSTAGRAM Y TENDENCIAS **27**

    Estadísticas de Instagram *27*

    ¿Quién NO debería usar Instagram? *28*

CAPÍTULO 6: CREANDO UNA ESTRATEGIA PARA INSTAGRAM **30**

    Determinando sus necesidades de exposición *30*

    Cómo crear una estrategia para su inicio *32*

    Estrategias para sus historias y vídeos en vivo *35*

    Estrategias para su canal IGTV *36*

    Comentando y dando me gusta *38*

    CAPÍTULO 7: USANDO INFLUENCERS **40**

    Diseñando un programa de referidos *41*

    Calificando a los influencers *42*

    Acercamiento adecuado a los influencers *44*

SECCIÓN 3: YOUTUBE **47**

CAPÍTULO 8: ESTADÍSTICAS DE YOUTUBE Y TENDENCIAS **48**

    Estadísticas de YouTube *48*

    Tendencias en YouTube *49*

    ¿Quién NO debería estar en YouTube? *50*

CAPÍTULO 9: CREANDO UNA ESTRATEGIA PARA YOUTUBE **52**

    Creando series *53*

    Diseñando contenido para YouTube *54*

    Entendiendo el SEO de YouTube *56*

CAPÍTULO 10: COMERCIALICE SU CANAL ADECUADAMENTE **58**

    Compartiendo en plataformas de redes sociales *58*

    Embedding en su sitio web *59*

    Compartir en un boletín de noticias en su correo electrónico *59*

SECCIÓN 4: FACEBOOK 61

CAPÍTULO 11: ESTADÍSTICAS DE FACEBOOK Y TENDENCIAS 62

    ¿Quién está en Facebook? 62

    ¿Quién necesita estar en Facebook? 63

CAPÍTULO 12: CREANDO UNA ESTRATEGIA PARA FACEBOOK 64

    Lugares en dónde publicar 64

    Creando páginas de negocios 65

    Creando contenido de calidad 66

CAPÍTULO 13: PUBLICIDAD EN FACEBOOK 67

    Apertura de su cuenta administradora de publicidad de anuncios 68

    Creando sus propios anuncios 68

    Monitorear su rendimiento 69

SECCIÓN 5: LINKEDIN 71

CAPÍTULO 14: ESTADÍSTICAS DE LINKEDIN Y TENDENCIAS 72

    ¿Quién usa LinkedIn? 72

    ¿Quién NO debería usar LinkedIn? 73

CAPÍTULO 15: CREANDO UNA ESTRATEGIA PARA LINKEDIN 74

    Creando su perfil 74

    Creando sus redes 76

    Interactuando con la plataforma 76

CAPÍTULO 16: COMERCIALIZANDO SU MARCA 78

    Noticias de la compañía 78

    Compartir contenido relevante 79

    Publicaciones de patrocinio 80

    Seguimiento de análisis 80

SECCIÓN 6: PINTEREST 82

CAPÍTULO 17: ESTADÍSTICAS DE PINTEREST Y TENDENCIAS 83

    ¿Quién le saca el mayor provecho a Pinterest? 83

    ¿Quién debería evitar Pinterest? 84

CAPÍTULO 18: CREANDO UNA ESTRATEGIA PARA PINTEREST 86
    Diseñando las imágenes de sus Pins 86
    Montando sus Pins 87
    Creando su Pinboard 88

CAPÍTULO 19: SIENDO RE-PINTEADO 90
    Comparta sus Pins en otro lugar 90
    Haga uso de las insignias de Pinterest 92
    Haga que su perfil sea atractivo 93
    Mantenga su perfil activo 94

SECCIÓN 7: TWITTER 96

CAPÍTULO 20: ESTADÍSTICAS DE TWITTER Y TENDENCIAS 97
    ¿Quién está usando Twitter? 98
    ¿Quién NO debería estar en Twitter? 99

CAPÍTULO 21: CREANDO UNA ESTRATEGIA EN TWITTER 100
    Creando su perfil 100
    El ingrediente clave de Twitter 101
    Compartiendo Tweets 102
    Participando en las conversaciones 104

CAPÍTULO 22: MERCADEO EN TWITTER 106
    Aprovechar la plataforma para búsqueda de mercado 106
    Creando una personalidad de marca 107
    Sepa qué contenido genera interacciones 108
    Tweet en un horario. Sea consistente 110

CONCLUSIÓN 111

SEGUNDA PARTE: MARKETING EN INSTAGRAM 113

INTRODUCCIÓN 114

CAPÍTULO 1: LA POPULARIDAD DE INSTAGRAM 116
    ¿POR QUÉ ES INSTAGRAM TAN POPULAR? 117
    ¿POR QUÉ NECESITA USAR INSTAGRAM? 118

¿QUIÉN ESTÁ YA EN INSTAGRAM? 119

CAPÍTULO 2: CÓMO PUEDE BENEFICIARLE INSTAGRAM **121**

ESTADÍSTICAS DE INSTAGRAM 121

QUIÉN SE BENEFICIARÁ DE INSTAGRAM 122

CÓMO USA LA GENTE INSTAGRAM 123

CAPÍTULO 3: LA EVOLUCIÓN DE INSTAGRAM EN 2019 .... **126**

TENDENCIAS A VIGILAR EN 2019 127

CAPÍTULO 4: CREAR UNA CUENTA PARA SU MARCA **131**

COMENZAR EN INSTAGRAM 132

ESCOGER SU NOMBRE DE USUARIO 132

ELABORAR LA BIOGRAFÍA PERFECTA 134

SUBIR LA FOTO DE SU PERFIL 136

CONFIGURACIONES IMPORTANTES DE INSTAGRAM 137

Cambiar a una cuenta comercial 137

Ajustar la configuración de la privacidad 138

Autenticación en dos pasos 139

CAPÍTULO 5: 5 REGLAS NO ESCRITAS DE INSTAGRAM **140**

PUBLICAR EN EL MOMENTO ADECUADO 141

CONTROLAR EL USO DE *SELFIES* 142

SER ORIGINAL 143

EVITAR ABUSAR DE LA EDICIÓN 144

FAVORECER LOS COMENTARIOS POR ENCIMA DE LOS ME GUSTA 145

CAPÍTULO 6: ESCOGER SU NICHO **147**

ENCONTRAR SU NICHO CON UNA EMPRESA ESTABLECIDA 148

¿QUÉ LE GUSTA Y A QUIÉN PUEDE SERVIR? 149

VALIDAR LA CALIDAD DE SU NICHO 150

ENCONTRAR SU NICHO EN INSTAGRAM 153

CAPÍTULO 7: POSICIONAR SU MARCA **154**

SABER DÓNDE INVERTIR TIEMPO EN INSTAGRAM 155

Crear una presencia que la gente quiera seguir 158

Posicionarse como el experto 160

CAPÍTULO 8: CREAR PUBLICACIONES 162

El ingrediente principal: sus imágenes 163

Mirando a través de los ojos de su público 164

Tomar, encontrar y elegir sus imágenes 165

    Tomar sus propias fotografías *165*

    Compartir fotos *166*

    Imágenes de archivo *166*

    Imágenes de citas *167*

Transmitir el mensaje 167

Usar *hashtags* de forma eficaz 169

    Investigación dentro de la app *170*

    Aplicaciones de terceros *171*

    Usar hashtags correctamente *171*

Crear un horario de publicación 172

Reducir los tiempos de publicación 173

CAPÍTULO 9: EVALUAR SU COMPETENCIA 175

Encontrar a su competencia en Instagram 176

Espiar a su competencia de forma ética para conseguir inspiración . 176

Cómo utilizar la información que encuentre 177

CAPÍTULO 10: CONSEGUIR MÁS SEGUIDORES 179

Motivar la participación en su página 179

Actualizar regularmente la lista de cuentas seguidas 181

Decir lo correcto en el momento correcto 182

Dirigirse a su público con sus palabras 183

Sacar provecho a las historias de Instagram 185

Usar IGTV para conseguir más seguidores 187

Sacar provecho de *influencers* de la forma correcta 188

Aumentar la visibilidad de sus publicaciones 190
Interactuar con sus seguidores 192
Analizar sus resultados para incrementar su crecimiento 193
CAPÍTULO 11: VENDER EN INSTAGRAM 196
Crear embudos de ventas en Instagram 197
Estrategias de *marketing* local 199
Diseñar anuncios 201
CAPÍTULO 12: CUANDO LOS GURÚS MIENTEN 203
Mito #1: Instagram no importa 204
Mito #2: Puede ser bloqueado 204
Mito #3: No importa el contenido de vídeo 205
Mito #4: La interacción simplemente surge 206
Mito #5: Las estadísticas no importan 206
Mito #6: El éxito está garantizado 207
CONCLUSIÓN 208

Primera Parte: Mercadeo en las redes sociales

Cómo Dominar su Nicho en 2019 Con Su Pequeña Empresa y Su Marca Personal Utilizando Influencers de Instagram, Youtube, Facebook, LinkedIn, Pinterest y Twitter

Introducción

El mercado en las redes sociales es seguramente una de las formas más efectivas de mercadeo en el 2019, y solo continuará creciendo en popularidad a medida que nos sumerjamos más y más en la era digital. Ser parte de la era digital ha abierto un mundo de posibilidades, no solo para nosotros a nivel global, sino también para las marcas que buscan emerger haciendo negocios en línea. De hecho, internet a permitido que empresarios y compañías crezcan más que nunca antes al proporcionar una plataforma barata y completa para que la gente comience a obtener ganancias a través de sus propios medios.

En el 2019, la cara del mercadeo en los medios sociales seguirá cambiando a medida que nos movemos hacia tendencias que incluyen la personalización y la conexión y nos alejamos de las tendencias que comercializan a las marcas y las hacen parecer frías y aisladas de sus audiencias. En otras palabras, ya no estamos en una era en la que simplemente se pueden emplear mensajes como "Camisas nuevas a $4.99" junto con una foto de sus nuevas camisas y recibir algo positivo de eso. Si bien es cierto que de vez en cuando se pueden utilizar publicaciones como esta, si no se está esforzando por entablar relaciones genuinas con el público, va a tropezar y no va a crecer en un mundo digital donde todo el mundo está buscando establecer conexiones. En vez de dirigirse hacia usted, su audiencia se dirigirá a sus competidores, quienes están felizmente dominando su nicho al proporcionarles grandes servicios y productos, así como una marca positiva para que construyan una relación con ellos y crezcan en amor y confianza.

A medida que lea a través de Social Media Marketing, prepárese para conocer las tendencias que probablemente surgirán en 2019, las plataformas en las que tendrá que invertir su tiempo, y las estrategias que tendrá que aplicar en estas plataformas para dominar el marketing en los medios sociales este año que viene. Mientras que algunas de las estrategias que está por aprender serán la continuación de las tendencias que se fundaron en 2017 y 2018, otras van a ser totalmente nuevas sobre la base de este año que viene y las oportunidades percibidas que se harán para los propietarios de negocios en línea.

Finalmente, antes de leer este libro, tenga en cuenta que, para tener éxito en línea en 2019, no es necesario utilizar todas las plataformas de medios sociales disponibles. De hecho, como aprenderá en la sección 1 de este mismo libro, una estrategia más efectiva es elegir solo dos o tres plataformas que se alineen con sus objetivos de mercadeo en redes sociales y los domine primero. Si decide expandirse a partir de ahí, seguramente podrá hacerlo, pero en el mundo del mercadeo de las redes sociales, más no es siempre necesario. Ahora, si está listo para empezar a aprender cómo dominar las redes sociales en 2019 sin más preámbulos, ¡Comencemos!

Sección 1: Estrategia en las redes sociales

Capítulo 1: Estableciendo sus objetivos

Dominar las redes sociales en el 2019 va a necesitar que usted se concentre de forma clara en las plataformas, establezca sus objetivos, y una estrategia que lo ayude a alcanzarlos. Crear un enfoque multiplataforma requiere que usted sepa cómo aprovechar cada plataforma, cómo puede construir una cantidad masiva de seguidores, y después cómo convertir esa plataforma en un medio para las ventas de su empresa. Antes de que empiece creando su estrategia y determinando cómo crecer en cada plataforma, usted necesita establecer sus metas y cómo va a ser la mayor forma de alcanzar esas metas usando las redes sociales. Cada plataforma le va a proveer con beneficios ligeramente diferentes entre sí. Así que, identificando sus metas primero, puede asegurarse de que usted va a utilizar la plataforma correcta y va a aplicar las estrategias correctas para maximizar su tiempo invertido en las redes sociales.

Estableciendo sus metas de negocios

Lo primero que quiere hacer es crear sus objetivos de negocios para este 2019. Típicamente, todas sus otras metas estratégicas deben reflejar directamente sus metas generales de negocio. Al saber exactamente qué es lo que usted está tratando de lograr en su negocio en 2019, usted puede empezar a crear metas para sus plataformas de redes sociales también. Usted puede establecer una o más metas para su negocio en 2019, aunque debe ser intencional en cuanto a establecer solo una o dos metas como su enfoque principal para el año. De esta manera, usted tiene claro en qué es exactamente en lo que está trabajando y puede diseñar cada objetivo secundario y estrategia en torno a ese objetivo principal en su negocio.

La mejor manera de crear su meta de negocio es ver qué es lo que más quiere usted para su negocio el próximo año y crear sus metas alrededor de ese concepto. Si usted es nuevo en el negocio, podría fijarse la meta de hacer que su primer año sea rentable para la empresa. Identifique el número exacto que sería ideal para usted. O bien, puede establecer el objetivo de aumentar la popularidad de su marca y comenzar a conectarse con una audiencia más amplia, de modo que tenga un sistema de personas de confianza para invertir en su negocio a medida que siga creciendo su marca y su popularidad en los años venideros. Si usted ha estado en el negocio por más tiempo, su meta puede ser reenfocar su marca en algo ligeramente diferente y llevar a su audiencia a ese ajuste con usted. Usted podría tratar de aumentar sus ganancias este año para poder contratar a más empleados u ofrecer más a su público.

Cualesquiera que sean sus metas, asegúrese de usar el estilo de planificación de metas S.M.A.R.T. para asegurarse de que está fijando metas que realmente puede alcanzar en el 2019. Por lo tanto, sus objetivos deben ser específicos, mensurables, alcanzables, realistas y oportunos. Por ejemplo, en lugar de decir "quiero ganar seis cifras en 2019" podría decir "quiero ganar 125.000 dólares en ingresos para el 31 de diciembre del 2019 a través de mi negocio". Cuando usted establece metas específicas, es más fácil para usted saber si se está moviendo o no de manera efectiva hacia sus metas. De esta forma puede determinar si sus estrategias están trabajando o si estas necesitan ser ajustadas para ayudarlo en su avance más eficientemente.

Estableciendo sus metas para las redes sociales

Una vez que haya creado sus objetivos generales de negocio, puede empezar a determinar cuáles serán sus objetivos para las redes sociales. Es importante darse cuenta de que los medios de comunicación social funcionan de manera **diferente** para los diferentes modelos de negocio. Acercarse a sus objetivos de medios sociales requiere que considere qué es lo que exactamente los medios sociales pueden hacer por usted y cómo puede mantener su imagen mientras incorpora las redes sociales en su estrategia. Por ejemplo, si usted es abogado, es posible que no desee utilizar los medios de comunicación social tan abiertamente como otra empresa porque no puede compartir libremente cierta información. En ciertas industrias, usted necesitará ser más conservador en su enfoque, lo que significa que sus metas deben reflejar estos valores conservadores de las redes sociales. Por lo tanto, si usted fuera un abogado de Instagram, en lugar de ser abierto y compartir fragmentos de su vida en línea, probablemente se abstendría de utilizar historias o IGTV en su totalidad y, en su lugar, simplemente crearía mensajes en su inicio. Estos mensajes deben ser dirigidos específicamente hacia su audiencia deseada, proporcionándoles la información que necesitan saber, y luego diríjalos a su sitio web o a su número de teléfono para que pueda hablar en privado con ellos. En este escenario, sus objetivos en los medios sociales serían hacer que la gente se ponga en contacto con usted, en lugar de construir un gran número de seguidores y convertirse en un influyente muy querido en su área.

Usted puede determinar qué estilo de objetivos de medios de comunicación social necesita muy fácilmente. Si usted dirige un negocio más profesional en el que necesita mantener una gran parte de la información privada, entonces necesita utilizar las redes sociales para que la gente se ponga en contacto con usted. Si tiene una tienda de ladrillos y mortero, entonces necesita usar las redes sociales para llevar a la gente a su tienda para que puedan comprar en ella. Si usted dirige un negocio en línea, entonces usted necesita construir su seguimiento para poder comercializar a una audiencia más grande.

Dicho esto, es necesario ser más específico a la hora de establecer los objetivos de los medios de comunicación social. ¿Qué es exactamente lo que está tratando de lograr a través de los medios sociales? Por ejemplo, si usted es el dueño de una cafetería ¿Quiere llevar a más turistas a su cafetería para que puedan echar fotos con sus cámaras y aumentar la popularidad de su tienda? ¿O desea aumentar la cantidad de personas locales que entran por sus puertas para comprar café y convertirse en visitantes leales? Si usted es una persona influyente, tal vez quiera aumentar su número de seguidores para poder generar lanzamientos para marcas populares y empezar a ganar más ingresos a través de su plataforma.

Decida lo que decida, asegúrese de que está utilizando los medios sociales como una herramienta en sus objetivos generales y no depender de ella como la estrategia exclusiva en sí. Incluso si los medios sociales son su principal método para llegar a la audiencia, usted debe reconocer que su negocio en sí no es exclusivo de los medios sociales. Usted todavía tendrá que esperar que muchas otras cosas pasen para poder alcanzar sus metas. Cuando ve los medios sociales como una herramienta y los organiza en su estrategia general como una herramienta, usted se pone en la posición en la que puede empezar a usar los medios sociales como una de sus fuerzas más poderosas en línea.

Determinar qué plataformas funcionarán mejor para usted

Después de determinar cuáles son sus metas para los medios de comunicación social, hay una última cosa que usted debe considerar antes de empezar con el proceso de diseñado de su estrategia para las redes sociales. Usted debe determinar qué plataformas van a ser las más efectivas para usted cuando se trata de alcanzar las metas que se ha propuesto. En cada una de las siguientes secciones, usted aprenderá acerca de las seis plataformas de medios sociales más grandes que existen actualmente, cómo pueden ser utilizadas y quiénes se beneficiarán más de ellas. Asegúrese de leer toda esta información y de elegir las plataformas que realmente lo ayuden a alcanzar sus objetivos, de modo que pueda concentrar sus esfuerzos en áreas que tengan sentido para sus objetivos generales y su negocio.

Capítulo 2: Escogiendo su enfoque

Una vez que haya determinado cuáles son sus objetivos en los medios sociales, tendrá que decidir cuál va a ser su enfoque general de las redes sociales. En este capítulo, nos vamos a centrar en cómo se va a estructurar su estrategia general de medios sociales. Después de eso, puede adentrarse en las estrategias específicas de la plataforma. Elegir su enfoque incluye comprender cómo funciona cada plataforma de redes sociales, cómo se utilizar mejor y cómo puede encajar en sus objetivos generales para tratar de construir su negocio a través de las redes sociales. En este capítulo aprenderá cómo puede crear una meta general para su enfoque de medios sociales.

Aprendiendo los beneficios de cada plataforma

Lo primero que necesita entender es cómo cada plataforma está destinada a ser utilizada cuando se trata del mercadeo en las redes sociales. Aprenderá más sobre las estadísticas y usos de cada plataforma en las respectivas secciones de este libro. Antes de eso, tener una comprensión general de lo que cada una ofrece le ayudará a determinar cuál será la más útil para su negocio.

Por ejemplo, Instagram es una gran plataforma de intercambio social para el marketing visual y la narración de historias visuales, ya que incluye varias características que son excelentes para mostrar a la gente su marca. Puede utilizar el perfil basado en imágenes, historias, vídeos en directo e IGTV para mostrar su marca a la gente, tanto profesionalmente como de forma más íntima, de modo que la gente pueda tener una idea de quién es usted y sentir que está siendo llevada entre bastidores en su marca.

Facebook es otra plataforma visual de narración de historias, aunque también incluye perfiles personales, páginas de negocios, funciones para compartir mensajes y actualizaciones de estado que pueden utilizarse para ampliar su marca a través de la narración de historias por escrito. Mucha gente usará Instagram y Facebook conjuntamente, ya que estos dos son propiedad de la misma empresa matriz y pueden ser integrados de muchas maneras que las hacen a cada una de ellas mucho más valiosas.

YouTube es genial si está interesado en compartir vídeos. Se puede integrar fácilmente con la mayoría de las otras plataformas compartiendo e incrustando vídeos. Si tiene mucho que enseñar, mostrar o compartir, usar YouTube para diseñar sus vídeos y compartirlos puede ser una gran oportunidad para producir vídeos de calidad profesional para integrarlos en casi cualquier lugar de internet.

Twitter se basa principalmente en actualizaciones de estado. Aunque, recientemente, han hecho que la imagen y el vídeo sean más intuitivos e incluso han añadido un vídeo en vivo a las plataformas. Dicho esto, el mayor beneficio de estar en Twitter es poder entablar conversaciones con la gente de la plataforma y mostrar su marca a la gente a través de la conversación.

El interés se considera esencial para cualquiera que dirija un blog, ya que permite una gran cantidad de divulgación. La comunidad de Pinterest tiende a ser muy aficionada al bricolaje y a la inspiración basada en imágenes, por lo que compartir en esta plataforma te da una gran oportunidad de ser visto por personas que buscan inspiración o información. A diferencia de otras plataformas, Pinterest es más bien un motor de búsqueda basado en imágenes. Sin embargo, todavía funciona como una plataforma de medios sociales debido a la capacidad de enviar mensajes a otros y compartir los pines con la gente sin problemas a través de la plataforma.

LinkedIn es otra gran plataforma, especialmente si usted es un profesional que ofrece servicios sobre productos. El sistema ofrece muchas maneras de conectarse con personas que ofrecen servicios similares a los suyos, así como con personas que buscan los servicios que usted ofrece. Si usted construye su perfil correctamente, puede establecerse bien en el negocio en línea y ser recomendado a muchos clientes diferentes que pueden estar buscando exactamente lo que usted ofrece.

Decidiendo qué dos o tres cumplen sus necesidades

Con el fin de decidir su enfoque general de los medios de comunicación social, es necesario decidir sobre dos o tres plataformas que se adapten a sus necesidades de marketing en las redes sociales. Aunque sin duda puede comercializar a través de muchas plataformas, la mayoría de la gente encuentra que intentar comercializar a través de demasiadas plataformas es abrumador y puede dejarle luchando por generar un compromiso real en cualquiera de las plataformas. Por supuesto, si usted tiene un agente de marketing de medios sociales, siempre puede dejar esto en sus manos. La realidad es que todavía será más fácil concentrar sus esfuerzos y recursos en solo dos o tres plataformas, en lugar de varias.

La mejor manera de determinar qué plataformas necesitará utilizar depende de lo que esté tratando de lograr con sus objetivos en las redes sociales. Si usted sabe que quiere que la gente vea más sus productos, el uso de plataformas visuales de narración de historias como Instagram, Facebook y Pinterest le ayudará a exponer visualmente sus productos delante de la gente. La mayoría de las personas prefieren ver lo que buscan comprar, en lugar de simplemente leer sobre ello, razón por la cual esta estrategia funciona mejor.

Si desea hablar y promocionar sus servicios profesionales en línea, debe considerar la posibilidad de utilizar plataformas que se basen más en una palabra escrita. Dependiendo de cuáles sean sus servicios, también puede beneficiarse de tener una plataforma más visual. Por ejemplo, si usted es una agencia de marketing, la creación de un seguimiento en Instagram es una buena manera de demostrar que usted sabe cómo utilizar esta popular plataforma de marketing, y también le ayudará a conectarse mejor con su público objetivo. Aparte de eso, centrarse más en plataformas como Facebook, Twitter y LinkedIn será más efectivo para la mayoría de los servicios profesionales.

Si está compartiendo servicios personales, es posible que desee "pasar el tiempo" donde la gente pasa el tiempo en línea, lo que normalmente incluye Facebook, Instagram y YouTube. Aquí puede compartir imágenes, actualizaciones de estado y vídeos sobre los servicios que ofrece, y conectarse más estrechamente con las personas que tendrán más probabilidades de invertir en sus servicios. Lo mismo ocurre si usted ofrece servicios o productos en persona.

En última instancia, tendrá que decidir qué plataformas se van a combinar mejor con los objetivos que está tratando de alcanzar y luego subirse a esas plataformas. De nuevo, absténgase de extenderse demasiado. Cada una de sus plataformas tendrá su propia curva de aprendizaje a medida que descubra cómo utilizar estrategias que realmente funcionen en ella. Además, es más fácil lograr el compromiso y la tracción en dos o tres plataformas que intentar hacerlo en varias. Si concentra sus esfuerzos, se dará cuenta de que conectarse y tener un gran impacto relativamente rápido es muy sencillo, lo que le permitirá ir a lo grande y progresar económicamente a través de las redes sociales en el 2019.

Capítulo 3: Riesgos a evitar

Al entrar en las redes sociales, es importante que entienda que su éxito no está garantizado solo porque usted creó una cuenta y compartió unos cuantos mensajes. Cuando se trata de medios sociales, muchas empresas están tratando de llegar a la misma audiencia que usted, por lo que es necesario asegurarse de que usted destaque entre la multitud. El mercado está lejos de ser "explotado", pero si entra en una plataforma sin saber cómo usarla eficazmente, rápidamente se va a pasar por alto, ya que su audiencia favorece a las marcas que entran con una estrategia.

En este capítulo, usted va a aprender qué riesgos evitar cuando utilice las redes sociales en general para asegurarse de que no está perdiendo el tiempo utilizando las estrategias de crecimiento en línea equivocadas. Aprenderá qué errores debe evitar en cada plataforma específica más adelante, pero, por ahora, es importante que entienda los riesgos generales que debe evitar para que pueda tener un impacto masivo en línea desde el primer día.

Extenderse demasiado

Cada plataforma de redes sociales viene con una curva de aprendizaje que tendrá que tratar de descubrir para poder dominar la plataforma y comenzar a obtener un alto rendimiento de su esfuerzo de mercadeo en redes sociales. Independientemente de si ya ha estado en la plataforma o no, si aún no está acostumbrado a utilizarla para el marketing, tendrá que aprender a ajustar su enfoque y asegurarse de que esté optimizado para el marketing, de modo que pueda aumentar las ganancias. Cuando usted está buscando utilizar los medios de comunicación social para el marketing, es importante que no se sobrecargue, ya que esto puede llevar a no tener la atención necesaria para soportar cada curva de aprendizaje y realmente poner esa plataforma en uso.

Para asegurarse de que no se está esforzando demasiado, empiece por ser honesto sobre cuánto tiempo tiene cada día para dominar sus medios de comunicación social. Si solo tiene una pequeña cantidad de tiempo al día o unas pocas horas a la semana, lo ideal sería empezar en una plataforma que le pueda generar algún ingreso. Luego crecer a partir de ahí para que tenga tiempo suficiente para comprender a fondo cada plataforma. Una vez haya entendido esa primera plataforma, entonces puede seguir adelante y empezar a expandirse a otras plataformas para que pueda dominarlas también.

A pesar de que es posible que desee crecer rápidamente en línea, es importante entender dónde se encuentra el equilibrio cuando se trata de su crecimiento. Es decir, es mucho más productivo ir a lo grande en una plataforma a la vez, que extenderse tan poco que ninguna de sus plataformas gane tracción y pierda la marca en cada sitio de redes sociales que intente.

Encontrará que usted dominará cada plataforma y crecerá mucho más rápido de esta manera, haciendo más fácil para usted empezar a generar un gran éxito en línea relativamente rápido.

Invertir tiempo en la plataforma incorrecta

Otro gran error que usted puede cometer en línea es pasar tiempo en las plataformas equivocadas o apuntar a las partes equivocadas de las plataformas. Si usted no está dirigiendo su tiempo y atención adecuadamente, puede pronto verse involucrado en tomar acciones que no son productivas para su objetivo general, lo que lo deja en riesgo de perder mucho tiempo y no obtener muchos resultados.

Recuerde lo que aprendió anteriormente en el capítulo 2 y elija su enfoque basado en sus metas, no en lo que usted personalmente desea.

El hecho de que usted prefiera personalmente una plataforma antes que otra, o que sienta personalmente que una es más adecuada para su negocio que otra, no significa que esta sea la mejor opción. Necesita ir donde está su público y posicionarse directamente frente a ellos, o finalmente se caerá de bruces en la red.

Si todavía no está completamente seguro de qué plataforma es la mejor para usted en línea, navegue por el primer capítulo y por cada una de las siguientes secciones y empiece a buscar cuál será su mejor lugar en línea. De esta manera, usted puede asegurarse de que se está enfocando completamente en las áreas que lo ayudarán, en lugar de las que no lo harán.

No abrazar la curva de aprendizaje

Cuando la gente entra en las redes sociales, uno de los mayores errores que puede cometer una persona para sí misma y su negocio es no abrazar la curva de aprendizaje que viene con estar en los medios sociales con fines de marketing. Si se mete en los medios sociales y no consigue abrazar la curva de aprendizaje o trata de hacer todo a su manera, va a darse cuenta rápido de que esto es ineficaz y de que va a tener dificultades para tener éxito en línea. Si bien es cierto que necesita adoptar la autenticidad y la libertad de expresión en línea, no entender los conceptos básicos de cómo ser visto y oído en línea sólo resultará en una lucha para hacer crecer su negocio.

La curva de aprendizaje puede durar unos días, unas semanas o incluso meses, dependiendo de cuánto tiempo tenga para invertir en las redes sociales y de lo que esté haciendo para aprender sobre la curva de aprendizaje en sí. Si quiere acelerar este tiempo, leer libros como este y prestar atención a los cambios regulares de algoritmos, nuevas versiones y actualizaciones de la plataforma es una gran oportunidad para asegurarse de que está aprendiendo todo lo que hay que saber lo más rápido posible.

Mezclar lo personal con lo profesional

Por último, incluso si usted está dirigiendo una marca personal, debe ser cauteloso acerca de cuánto mezcla su vida personal con su vida profesional. Intentar mezclar demasiado su vida personal y personal puede resultar en que comparta demasiado en línea y en que enturbie la cara de su negocio. Usted necesita ser cauteloso cuando se trata de hacer crecer una marca, especialmente una marca personal. Debe asegurarse de que no está compartiendo información que pueda resultar en la pérdida de la reputación o la claridad de su negocio. En otras palabras, incluso si usted tiene una marca personal, mantenga su vida profesional y personal separadas para evitar que la información personal se filtre a su negocio y destruya su profesionalismo.

Incluso si tiene buenas intenciones, habrá muchas partes de su vida personal que simplemente no están en la marca y, si las comparte, podría sonar algo confuso o poco profesional. Al final del día, incluso si está compartiendo una marca personal, hay ciertas partes de su vida sobre las que la gente simplemente no quiere leer o prestar atención. Las personas que le siguen estarán más interesadas en las cosas que se relacionan con ellos, o en los problemas a los que puedan estar enfrentándose, por encima de cualquier otra cosa. Esto no es porque la gente no se preocupe por usted, sino porque está posicionándose a usted mismo y a su marca personal como un negocio. Necesita estar preparado para comportarse como un negocio.

Si desea tener una plataforma personal en línea, asegúrese de mantener sus cuentas personales privadas y separadas de las cuentas de la empresa. Usted siempre puede compartir su vida de negocios con sus amigos personales, pero absténgase de compartir su vida personal con sus conexiones de negocios a menos que de alguna manera tenga sentido para su negocio. Por ejemplo, si está iniciando un blog de moda, puede compartir temas de moda con su red profesional, pero absténgase de compartir sobre su vida amorosa o sus relaciones, a menos que se pueda vincular a su equipo. Si usted fuera a usar un lindo traje en una cita, por ejemplo, podría compartir esto, pero no comparta sobre sus dificultades o problemas que su relación puede estar enfrentando en línea, ya que esto solo le hará ser considerado como poco profesional. Si quiere ser visto como un negocio profesional y tener la oportunidad de hacer negocios como un profesional, necesita comportarse como un profesional en línea en todo momento.

Capítulo 4: Los riesgos peligrosos que los "expertos" le cuentan

Con el surgimiento del imperio de los medios sociales, desafortunadamente, hay muchos "expertos" por ahí que están compartiendo mitos dañinos sobre la comercialización de los medios sociales y cómo la gente puede utilizar las plataformas de medios sociales para construir una fuerte presencia para su marca. Estos "expertos" tienden a ser bastante persuasivos, lo que puede llevar a que muchos individuos los sigan y les proporcionen información errónea que les impida aumentar la presencia en línea que desean.

Antes de empezar a crear sus estrategias oficiales y poner su marca en línea, es importante que entienda cuáles son estos mitos y cómo pueden afectar negativamente a su negocio si no tiene cuidado. Es muy probable que usted ya haya oído estos mitos, por lo que es muy importante que usted aprenda la verdad primero, para evitar que entre en el proceso de construir su marca en línea mientras que cree que esta información es verdadera.

Mito #1: Los análisis de las redes sociales no son importantes

El primer gran mito que muchos expertos autoproclamados le dirán es que su análisis no es importante. Este mito se manifiesta de dos maneras. Una afirma que mientras consiga "algo" de interacción en cada publicación, lo está haciendo bien; la otra afirma que incluso si no consigue ninguna interacción, la gente sigue viendo sus publicaciones. Estos mitos obviamente provienen de personas que no entienden el mercadeo de las redes sociales o el propósito del mercadeo de medios sociales.

Los análisis en los medios sociales le dicen exactamente lo que le gusta a la gente, de las cosas que quieren más y cómo se puede compartir con ellos de una manera que realmente crea tracción y éxito en su marca. Cuando mira sus análisis, usted puede ver exactamente qué mensajes están disfrutando más las personas, y puede emular estos mensajes para empezar a tener aún más éxito en su plataforma en línea. Usted quiere hacer esto porque, al hacerlo, puede asegurarse de que las personas adecuadas lo ven realmente. Si sus mensajes no están recibiendo suficiente tracción o si sus interacciones no están creciendo regularmente, es porque se está saltando un paso o está haciendo algo mal.

Mientras usted esté prestando atención a lo que le gusta a su audiencia y prestando atención a los análisis, no hay razón por la que su plataforma en línea no deba crecer de manera consistente.

En cuanto a si "sin interacciones" significa o no que sus mensajes estén siendo "vistos", así no es cómo funcionan los medios sociales. Los mensajes que no tienen interacciones están ocultados de las líneas de tiempo, ya que las plataformas de medios sociales asumirán que estos mensajes son irrelevantes y que simplemente está desbordando las noticias de los individuos. A la gente le gusta ver los mensajes que son relevantes o interesantes y, como los medios de comunicación social atienden a sus usuarios, se dará prioridad a estos mensajes sobre cualquier otro mensaje. Esto significa que si tiene mensajes que regularmente son ignorados, es probable que sea porque nadie los está viendo, no porque "lo estén viendo, pero tengan miedo de reaccionar por miedo a ser vendidos", como muchos expertos percibidos intentarán decirle.

Mito#2: Las redes sociales son solo para conseguir nuevos clientes

Si alguna vez ha escuchado que los medios sociales están específicamente destinados a captar nuevos clientes, entonces ha escuchado otro mito común en el mundo del marketing de los medios sociales. La verdad es que los medios sociales no son exclusivamente para crear nuevos clientes, sino también para retenerlos. De hecho, un estudio reciente mostró que el 84% de la mayoría de las marcas en Facebook están siendo seguidas por personas que fueron clientes primero y que luego las encontraron en los medios sociales, no por nuevos clientes que nunca han comprado la marca en absoluto.

Esta estadística probablemente varía a través de todas las diferentes plataformas, pero el hecho es que los medios sociales son una herramienta poderosa para mantenerse en contacto con su audiencia existente y mantener su lealtad. Cuando usted anima a sus clientes actuales a que le sigan, crea la oportunidad de mantener y hacer crecer su relación con ellos, lo que le ayuda a traerlos de vuelta y convertirlos en fans leales de su marca.

De hecho, cuando usted está en las redes sociales, usted debe estar apuntando a su audiencia existente tanto como a su nueva audiencia, ya que su audiencia existente será la que ya estará preparada para compartir las experiencias de su compañía con los demás. Si usted les atiende y se conecta con ellos en línea, les resultará más fácil compartir sus comentarios sobre su marca con sus amigos y familiares, y con suerte, atraer más atención a su marca y tráfico a su negocio. Por esa razón, usted debe apuntar a su audiencia existente con frecuencia y crear una plataforma que sea tan agradable para que ellos la sigan como también lo sea para que los nuevos seguidores la encuentren a usted.

Mito#3: Ignore las opiniones y comentarios negativos

Recibir comentarios negativos u opiniones negativas sobre su marca puede ser perjudicial, especialmente si usted está estrechamente relacionado con su empresa o si es su propia marca. Escuchar lo que otras personas están diciendo, especialmente cuando lo que están diciendo no es agradable, puede sentirse como un insulto profundo y doloroso y puede hacer que manejar su propio negocio sea un reto.

Inicialmente, usted puede incluso tener ganas de dejar el mundo de los medios sociales para evitar tener una plataforma y que surja una retroalimentación negativa como esta, aunque eso no sería efectivo para ayudarle a llegar a la gente que usted desea.

Si mira a su alrededor en la red, una declaración común hecha por expertos en medios sociales autoproclamados es que simplemente debería ignorar los comentarios y retroalimentaciones negativas porque comprometerse con los "troll" no es útil para su negocio.

Sin embargo, esta es en realidad una manera extremadamente negativa de manejar los comentarios negativos y puede llevar a que su negocio y su marca sean vistos como ignorantes o incluso sospechosos. Además, cuando ignora el comentario negativo, asume que todo aquel que tiene algo de malo que decir es un "troll" o alguien que está tratando de golpear a su compañía cuando, en realidad, puede ser alguien a quien antes le gustaba su compañía pero que encontró una mala experiencia. En otras palabras, puede usar esto como una oportunidad para cambiar la opinión de alguien sobre su marca y construir un seguidor leal si juega bien sus cartas. Incluso si usted no puede, y la persona realmente es alguien que no tiene nada agradable que decir, el no manejar la situación de manera efectiva puede hacer que otros clientes potencialmente interesados se interesen menos en su marca.

La mejor manera de manejar los comentarios negativos es responder amablemente agradeciendo al individuo por dejar su retroalimentación, disculpándose por su experiencia negativa y ofreciendo una solución para rectificarla. O, si el comentario fue dejado por alguien que no es su cliente, podría considerar responder amablemente para hacerles saber que usted lo ve y lo escucha, que aprecia sus preocupaciones y que rectificará la situación según sea lo apropiado.

Aquí hay tres ejemplos de diferentes tipos de comentarios que usted puede experimentar en línea y las maneras en que usted puede amable y apropiadamente manejarlos. Tenga en cuenta que cada estrategia lo pone en el registro como una compañía que escucha, se preocupa y sirve en lugar de simplemente ignorar a las personas y sus problemas.

Comentario#1:

Seguidor: "En el pasado usaba productos (de la compañía) hasta que compré uno de sus nuevos [productos] ¡Y la calidad era realmente mala! Se rompió en la primera semana. La calidad de esta [compañía] se ha ido realmente cuesta abajo desde el principio.

Lástima, también. ¡Solían ser tan buenos!"

Usted: ¡Hola [seguidor]! ¡Sentimos mucho leer su experiencia negativa, eso definitivamente no es lo que queremos! Puedo asegurarle que la calidad sigue siendo una prioridad cuando se trata de los productos que creamos. ¿Puede ponerse en contacto con nosotros en [información de atención al cliente] para que podamos rectificar su experiencia?"

Comentario#2:

Seguidor: "Escuché que esta compañía es horrible, mi amigo probó sus productos y se sintió estafado. ¡Nunca desperdiciaré mi dinero aquí!"

Usted: "¡Hola [seguidor]! Sentimos mucho escuchar que su amigo tuvo una experiencia negativa. Nos enorgullecemos de ofrecer productos de alta calidad a nuestros clientes. ¿Sabe si su amigo se puso en contacto con nuestro equipo de atención al cliente para recibir apoyo para rectificar la situación? Nos encantaría pasar esto a nuestro departamento de control de calidad para asegurarnos de que esto no vuelva a suceder."

Comentario#3:

Seguidor: "¡Buen intento! He visto productos como este antes, son un completo desperdicio. ¡No gastes tu dinero en algo así!"

Usted: ¡Hola [seguidor]! Lamentamos escuchar que usted no va a probar nuestros productos porque piensa que estos productos son un desperdicio. No todas las empresas crean [este producto] de la misma manera, por lo que le sorprenderá saber que el nuestro destaca por sus [puntos destacables]. Esperamos que lo pruebe."

Cuando lidia correctamente con los comentarios, demuestra a los clientes existentes que le importan y que quiere que tengan una experiencia positiva, y les demuestra a los nuevos clientes que no está simplemente tratando de ganar dinero a través de estrategias de ventas no éticas o ilegítimas. Dado que hay tantas empresas en Internet, es imperativo que se distinga de las demás para que su público sepa que usted es una empresa genuina que está lineada con la integridad y los productos de alta calidad.

De esta manera, es más probable que la gente le compre a usted porque confían en que si tienen una experiencia negativa por cualquier razón, usted los apoyará para rectificar esa experiencia.

Mito#4:"Blank" está muerto

Cada año, las entradas de los blogs y otros artículos informan de que una determinada plataforma está "muerta" o se está desvaneciendo del mapa. Esta estrategia de marketing se ha utilizado durante años para tratar de captar la atención, alejar a la gente de ciertas plataformas y ganar seguidores en otras. La verdad es que ninguna plataforma en línea ha muerto realmente a menos que nadie la esté utilizando.

En cambio, estos informes son compartidos a menudo por personas que están usando las plataformas equivocadas y, por lo tanto, no pueden conectarse con la audiencia deseada. Como resultado, creen que dicha plataforma está muerta cuando, en realidad, simplemente no están utilizando las plataformas correctas de la manera adecuada para obtener acceso a la audiencia.

Si lee publicaciones como estas, tómese un momento para leer las estadísticas activas de la plataforma que se dice que ha "muerto" porque, en la mayoría de los casos, estas estadísticas demostrarán que la plataforma no se fue a ninguna parte. Estos son solo otros ejemplos de falsos expertos en marketing que intentan crear tracción en su negocio mediante la creación de contenido clickbait que no tiene ningún valor o hecho. Evite a los vendedores o expertos que utilizan afirmaciones como estas, ya que probablemente le llevarán a desviarse de la verdad. Además, es posible que no puedan darle la orientación adecuada que necesita para generar éxito en el espacio en línea.

Mito#5: Si no se está vendiendo, no se está comercializando

En un tiempo, la mayoría de las personas que utilizaban las redes sociales estaban haciendo marketing compartiendo mensajes con aspecto publicitario repetidamente con el intento de compartir productos y servicios con sus audiencias. Dado que los medios de comunicación sociales eran tan jóvenes y nuevos en ese momento, estas estrategias funcionaron y muchas personas ganaron mucho dinero utilizando estas estrategias. Sin embargo, esta estrategia ya no funciona. En última instancia, demasiada gente comenzó a usarlo y la mayoría de los seguidores se sintieron como si estuvieran leyendo revistas llenas de anuncios en lugar de noticias en las redes sociales que tenían la intención de conectar a sus seres queridos y amigos a través de Internet.

Actualmente, la mejor manera de construir su negocio en línea es centrarse en el aspecto social de los medios de comunicación social en primer lugar, y, a continuación, vincular en sus ventas después. Hay una regla que sugiere que usted comparta su contenido de marketing usando una regla 80/20, donde comparte el 80% del contenido personal y el 20% de los mensajes de ventas para que la gente pueda conocerle más a menudo de lo que usted les vende. Esta estrategia se conoce como "marketing de atracción" y resulta ser una de las más poderosas en el mercado online actual.

La razón por la que esta estrategia funciona, especialmente si usted está dirigiendo un negocio exclusivamente en línea, es porque está poniendo sus relaciones con los demás por encima de sus números de ventas. Cuando la gente ve esto empieza a sentirse conectada con usted y se preocupa personalmente por usted y por el mensaje que está compartiendo con su audiencia. Sienten una sensación de confianza y comprensión que les lleva a sentir pasión por lo que usted hace y por lo que es, lo que les ayuda a convertirse en personas que están abiertamente dispuestas y ansiosas de comprarle cuando comercializa sus productos a su audiencia.

Por lo tanto, el hecho de que cada mensaje no termine con un argumento de venta no significa que no sea marketing. Simplemente significa que algunos de sus mensajes son la comercialización de su marca y la creación de conciencia de marca y, otros en realidad están pidiendo ventas e invitando a la gente a comprar sus productos o servicios. En estos tiempos, esta estrategia es mucho más efectiva y productiva que cualquier otra estrategia. Por lo tanto, no crea a nadie que intente decirle que de alguna manera debe convertir cada mensaje en un argumento de venta. Esto simplemente no es cierto.

Sección 2: Instagram

Capítulo 5: Estadísticas de Instagram y tendencias

Instagram es la segunda plataforma de redes sociales más popular del mercado, después de Facebook. Esto no es sorprendente, teniendo en cuenta que Facebook es el propietario de Instagram, lo que significa que ambas plataformas parecen expandirse a partir del crecimiento del otro, lo cual resulta en dos plataformas de compartición de medios sociales muy poderosas. Si usted está buscando ponerse al frente de su audiencia usando narraciones visuales y estrategias de construcción de relaciones estrechas, ¡Instagram es la plataforma que usted necesita usar!

Estadísticas de Instagram

La audiencia principal de Instagram está comprendida entre las edades de 18 a 34 años, lo que la convierte en la principal plataforma para cualquiera que se dirija a los Millennials o a la generación Z. Incluso si esta no es su audiencia objetivo principal, es muy probable que alguien que sea más joven o mayor que esta audiencia esté conectada con alguien que pueda ponerlo en frente de su audiencia objetivo. Por esa razón, la mayoría de las marcas tendrán algún tipo de presencia en Instagram para ayudarles a conectarse con los clientes potenciales y construir su conocimiento de marca.

En Instagram, más de 1.000 millones de usuarios se conectan mensualmente y utilizan la plataforma para interactuar activamente con sus seguidores, seguir las nuevas cuentas y participar en el contenido de otras personas. Estos individuos siempre están buscando conectarse con gente nueva y aprender sobre nuevas marcas, lo que hace de Instagram una de las mejores plataformas en las que mantenerse, ya que todo el mundo está buscando la siguiente nueva tendencia.

De hecho, esta es una tendencia tan común en Instagram que, en 2019, se espera que el número de micro-marcas o pequeñas empresas y marcas personales exploten en Instagram. Esto no solo se debe a que cada vez más marcas recurren a Instagram para exhibirse, sino también a que los usuarios de Instagram siempre están buscando marcas más personalizadas a las que seguir.

En Instagram, las marcas que tienen seguidores más pequeños de unos pocos miles a unos pocos cientos de miles de seguidores se sienten más exclusivas, lo que hace que sus seguidores se sientan más íntimamente conectados con la propia marca. Este tipo de relación con su audiencia puede dar como resultado que se obtengan muchas más ventas a través de la plataforma de Instagram, lo que la convierte en una herramienta poderosa para casi cualquier marca en 2019.

¿Quién NO debería usar Instagram?

La gran popularidad de Instagram por sí sola es una gran razón para que la mayoría de las marcas se unan a esta plataforma y empiecen a crear una presencia. Sin embargo, eso no significa que sea la plataforma perfecta para todo el mundo y que se utilice de forma coherente. Mientras que cualquier marca de prácticamente cualquier nicho puede entrar en Instagram y empezar a utilizar la plataforma de una manera muy básica, las marcas que no prosperan con la narración visual deben abstenerse de utilizar Instagram como plataforma principal. Por ejemplo, si usted es un abogado, la mayoría de lo que usted habla y sus actividades diarias no pueden ser compartidas abiertamente con una audiencia amplia. Por esa razón, Instagram puede que no sea la mejor plataforma en la que usted centrarse de inmediato porque no va a tener mucho que compartir. Dicho esto, si su audiencia está en gran parte en Instagram, puede utilizarlo de una manera básica compartiendo imágenes de citas y biografías profesionales a través de sus imágenes como una forma de generar una presencia básica para su marca. De esta manera, la gente puede encontrarle en Instagram, pero no está usando la plataforma de una manera poco ética para su modelo de negocio.

Otro grupo de empresas que podrían evitar Instagram o minimizar el uso de la plataforma sería cualquier plataforma que no esté de ninguna manera asociada con la parte de la población que va de los 18 a los 34 años de edad. Si realmente no tiene nada interesante que compartir con este segmento de la población, entrar en Instagram puede ser una pérdida de tiempo, ya que tendrá que luchar para generar tracción y construir un seguimiento, pues su contenido será en gran medida irrelevante para los usuarios de la plataforma. Si realmente no tiene nada que ofrecer a este segmento de la población, puede ser mejor minimizar su uso de Instagram o evitarlo por completo y enfocar sus esfuerzos en otro lugar para que pueda experimentar un mejor retorno de su inversión de tiempo en línea.

Capítulo 6: Creando una estrategia para Instagram

Si ha determinado que Instagram es una de las mejores plataformas para su uso, debe empezar a aprovechar la plataforma de inmediato mediante el desarrollo de una estrategia para Instagram que le permitirá construir su marca de manera consistente y poderosa. Instagram tiene muchas partes móviles, por lo que es importante que entienda qué elementos de Instagram le van a ser más útiles, cómo utilizarlos y cuándo.

De esta manera, usted puede asegurarse de que está invirtiendo su energía y esfuerzos en Instagram de una manera que realmente será eficaz y le ayudará en el crecimiento de su plataforma y la conexión con su audiencia de una mejor manera. A continuación, usted aprenderá sobre las diferentes formas en que puede construir la estrategia para Instagram de su producto basado en el tipo de marca que tiene y lo que necesita fuera de la plataforma en relación con sus objetivos.

Determinando sus necesidades de exposición

Cada negocio requerirá cosas diferentes de Instagram, dependiendo de su modelo y de los productos o servicios que ofrezca a su audiencia. Las marcas que ofrecen servicios profesionales, por ejemplo, no necesitan estar tan comprometidas e interactivas como las marcas que ofrecen servicios o productos personales para que su público los utilice. Necesitará determinar cuánta exposición necesita su marca en función de su modelo de negocio y sus objetivos de negocio y construir su estrategia para Instagram en consecuencia.

Si usted es una empresa cuyo objetivo principal es la venta de servicios profesionales, su exposición y necesidades de compromiso en Instagram serán relativamente bajos. Mientras que usted desea continuar generando exposición de marca y un mayor número de seguidores, tampoco necesita necesariamente usar historias o IGTV para ponerse al frente de sus seguidores y construir una relación con ellos. De hecho, en muchos casos, puede incluso ser considerado poco ético o poco profesional, ya que querrá mantener una cierta imagen de su marca que le impida ser tan "amistoso" con su público. Los abogados y los investigadores personales, por ejemplo, no deberían utilizar todas las características del compromiso íntimo en Instagram. Esto ensuciará la imagen de sus negocios y resultará en que se vean como si compartieran demasiado o como si no fueran tan confidenciales como deberían ser.

Para una marca que solo necesita una exposición mínima o que necesita mantener un alto grado de confidencialidad, el simple hecho de utilizar el inicio de su perfil para compartir imágenes es suficiente para ayudar a que su marca resalte. En esta situación, puede asegurarse de que todas sus fotos sean profesionales y educativas sin ser demasiado personales ni exponer ninguna información confidencial. De esta manera, la gente puede verle, entender que tiene un alto grado de experiencia en su campo, y confiar en que va a ser lo suficientemente profesional como para apoyarlos en la satisfacción de sus propias necesidades.

Si usted es una marca que se esfuerza por tener una relación más íntima o una conexión con su público, entonces tendrá que utilizar una estrategia más implicada en Instagram para que haya muchas maneras de construir y nutrir esta relación. Por ejemplo, usted querrá aprovechar todas las corrientes de contacto como su inicio, historias, videos en vivo e IGTV para asegurarse de que su audiencia tenga suficiente contenido que consumir.

Cuando usted genera una gran cantidad de contenido para que su audiencia lo consuma, se asegura de que todo el mundo pueda conectarse con su marca de la manera que más le convenga en función de lo que está buscando o de lo que más necesita. De esta manera, si tiene un seguidor que prefiere el vídeo a las palabras escritas o la lectura a los vídeos, pueden consumir su contenido a través del medio elegido. Esto asegura que usted está atendiendo las necesidades de todos sus seguidores de la manera más amplia posible, en lugar de atender solo a aquellos que están dispuestos a consumir su contenido de una manera limitada.

Cómo crear una estrategia para su inicio

Cuando se trata de su fuente de noticias, hay tres cosas que debe considerar: el aspecto de sus imágenes, la forma en que sus imágenes encajan con su fuente general, y los pies de foto que van con sus imágenes. Necesita que toda su alimentación fluya bien al tener imágenes que compartan colores, estética y mensajes similares para que cuando alguien llegue a tu perfil y vea todas tus fotos juntas, se vean atractivas y atentas.

Cuanto más alta sea la calidad de cada imagen, más atractiva será para el público, lo que hace que sea más probable que se les preste atención. Si su audiencia los ve en su fuente de noticias o en una página de búsqueda hashtag, es más probable que haga clic en su imagen para ver qué otras imágenes están compartiendo en su línea de tiempo. Por lo tanto, tener imágenes de alta calidad atrae a la gente a su página y los anima a permanecer en ella o a seguirle para que puedan acceder a más imágenes que sigan la estética que usted ofrece.

Puede crear imágenes de alta calidad en su teléfono. Simplemente tome imágenes utilizando luz natural y objetos claros. Asegúrese de obtener imágenes claras y de alta calidad desde el principio.

También puede utilizar imágenes de stock que se encuentran en sitios web como Unsplash.com o Negativespace.co. Una vez que tenga sus imágenes, puede cargarlas en un editor de fotos como Lightroom CC o VSCO de su teléfono para aplicarles filtros, o simplemente puede utilizar los filtros integrados en Instagram para que todas sus imágenes tengan el mismo esquema de color general.

Usted querrá asegurarse de que sus imágenes son de alta calidad y que todas encajan en su plataforma. Si no está seguro de sí una imagen se verá bien junto a sus imágenes existentes, considere descargar una aplicación de planificación de la línea de tiempo como PLANN y cargar sus fotografías en esta aplicación de planificación en primer lugar para que pueda ver cómo se van a ver juntas cuando cargue las imágenes. De esta manera, usted puede ver que cada imagen encajará perfectamente en la estética de su inicio perfectamente.

Los subtítulos que comparte deben ser de alta calidad y atractivos también para asegurar que sus seguidores estén leyendo lo que está compartiendo y no solo desplazándose a través de sus imágenes. Sus pies de foto son los que le permiten establecer relaciones, compartir promociones y animar a sus seguidores a que pasen por su embudo de ventas haciendo clic en el enlace de su biografía. Si desea tener un gran impacto en Instagram, necesita diseñar sus subtítulos para asegurarse de que sean interesantes, cortos y directos.

Aprender a contar historias a través de unas pocas frases tendrá un gran impacto en su capacidad para contarle a su audiencia lo que quiere que oigan y animarles a que le sigan o a que visiten su enlace. En algunos casos, pueden ser útiles subtítulos más largos. Sin embargo, debe abstenerse de hacerlos demasiado largos, ya que esto hará que sus seguidores ignoren la leyenda y se pierdan por completo la información que está compartiendo con ellos.

La última parte del diseño de una imagen de alta calidad y efectiva para su inicio es asegurarse de que está aprovechando el Hashtags. Los Hashtags están enlazados en los mensajes de Instagram como una forma de asegurar que sus mensajes puedan ser encontrados por personas que no le están siguiendo, pero que están siguiendo o navegando por hashtags que son relevantes para su nicho. Puede obtener más información sobre hashtags relevantes buscando hashtags específicos de la industria en Instagram y yendo a la sección "hashtags similares" y encontrando nuevos hashtags que sean similares a los que usted está usando.

Usted debe centrarse en el uso de hashtags que tienen 50.000-500.000 usos, ya que estos son los que son lo suficientemente populares como para lograr que se encuentre, pero no tan popular como para que se entierre desde el primer momento en cuestión de minutos después de su publicación. Los hashtags que tienen más de un millón de usos tienden a tener cargas cada pocos segundos, lo que significa que en solo unos minutos, su foto estará completamente enterrada y nadie la encontrará.

Puede usar hasta 30 hashtags en cualquier mensaje, así que use tantos como pueda que sean relevantes para su nicho o su negocio. La mejor manera de usar hashtags manteniendo la estética de su mensaje es escribir 30 hashtags en una nota en su teléfono. Luego cópielos y péguelos en la sección de comentarios de su nueva imagen tan pronto como la publique. De esta manera, puede asegurarse de que su pie de foto siga siendo estéticamente atractivo y de que su imagen se encuentre fácilmente. Desea publicar este comentario unos segundos después de publicar su imagen para asegurarse de que su foto empiece a tener tracción de inmediato. Esto asegurará que usted es capaz de clasificar más arriba en el algoritmo, lo que mejora las probabilidades de que su foto sea vista por sus seguidores.

La parte final de la construcción de su inicio es considerar un calendario de publicación. En general, debe publicar de 1 a 3 veces al día, aunque las marcas que requieren menos exposición podrían considerar publicar solo de 3 a 5 veces por semana. Cada puesto debe ajustarse a los criterios anteriores para garantizar que sea de alta calidad y que tenga posibilidades de obtener tracción. Publicar regularmente asegurará que su marca permanezca en el mercado

Estrategias para sus historias y vídeos en vivo

Las historias y los vídeos en directo son características relativamente nuevas de Instagram, que solo se han añadido en los últimos dos años. Aun así, estas dos características se han convertido rápidamente en algunas de las más populares de Instagram, ya que dan a las marcas y a los individuos la oportunidad de compartir una parte más personal de su marca con su audiencia. Es posible que las acciones más personales no encajen estratégica o estéticamente en su flujo de noticias, lo que significa que, en el pasado, estas acciones se mantenían fuera de la plataforma para evitar que interrumpieran la consistencia de su marca en línea. Ahora, puede compartir este contenido en el inicio de historias en su cuenta o como un video en vivo para que pueda conectarse con su audiencia de una manera diferente.

Las historias y los vídeos en directo ofrecen una experiencia más personal porque muestran partes de su marca que no encajan con el "look" general que crea a través de las imágenes. Dicho esto, sus historias y videos en vivo deben ser relevantes para su negocio para evitar que la gente cuestione qué tienen que ver sus historias con su marca en general y por qué las está compartiendo en primer lugar.

Por ejemplo, si usted es una compañía que vende joyas de curación de cristales en Instagram, compartir historias sobre sus opiniones políticas en sus historias no es una buena manera de construir intimidad y relaciones con sus seguidores. En lugar de eso, usted podría considerar compartir historias que lo muestren haciendo la joyería, vendiéndola en ferias comerciales, o incluso saliendo a la naturaleza y sintiéndose inspirado para elaborar su próxima pieza. Compartir historias que son relevantes para sus seguidores pero que no necesariamente están completamente alineadas con su "look" es una gran manera de aumentar su imagen auténtica en Instagram y construir relaciones más fuertes con su audiencia en línea.

Las secuencias de vídeo en directo de Instagram se comparten de la misma manera que las historias. Además, solo serán visibles para su público durante las 24 horas siguientes al momento de su publicación. Dicho esto, las transmisiones de vídeo en directo suelen tener un propósito ligeramente diferente al de las historias. Las historias son fotografiadas o filmadas y luego compartidas, permitiendo a su audiencia verlas después del hecho e interactuar con usted con respecto a sus mensajes.

Los videos en vivo ofrecen la oportunidad de que sus seguidores le vean e interactúen con usted en el momento en que está filmando su contenido para el inicio. Una vez que el video en vivo se detiene, la interacción y el compromiso en vivo también se detienen, pero la gente puede seguir viéndolo y comprometiéndose con él hasta que expire después de 24 horas. Los videos en vivo se utilizan a menudo para preguntas y respuestas, tutoriales o para compartir cosas que actualmente está experimentando y que pueden ser relevantes para sus seguidores.

Por ejemplo, muchos maquilladores utilizan vídeo en vivo en Instagram para compartir tutoriales sobre cómo crear ciertos looks de maquillaje o comentarios de ciertos productos que su público puede apreciar. Si tiene un vídeo más largo que desea compartir, las fuentes de vídeo en directo son ideales, ya que están pensadas para tiempos de uso compartido más largos. Por el contrario, las historias en las que se hace clic están pensadas para que se compartan vídeos durante unos segundos.

Estrategias para su canal IGTV

En 2018, Instagram lanzó una nueva oportunidad para conectarse con su audiencia llamada "IGTV". IGTV es un canal basado en vídeo que puede usar para compartir vídeos que duran entre 30 segundos y 10 minutos con su audiencia. Esto es similar a YouTube, aunque está incorporado directamente en la aplicación Instagram y permite a la gente compartir videos interesantes, educativos o entretenidos con su audiencia para que puedan crear otra forma de involucrarse y compartir con su público. Muchas plataformas están utilizando IGTV como otra forma de generar un rostro personal para su marca y conectarse con sus seguidores al otro lado de la pantalla.

IGTV está optimizado para la visualización móvil, así que cuando grabe en IGTV, tenga en cuenta grabar verticalmente para asegurarse de que está optimizado para la plataforma. A continuación, asegúrese de que todo el contenido que está compartiendo es relevante para su marca y ayudará a su audiencia a recopilar información valiosa de usted mismo. También puede utilizar un calendario de publicación de IGTV para que su audiencia sepa cuándo esperar nuevos contenidos en su plataforma, lo que les permitirá confiar en usted para obtener nueva información.

Los usos más comunes de la IGTV incluyen la educación y el entretenimiento. Si usted es una marca que ofrece productos o servicios, educar a la gente sobre cómo usar esos productos o servicios es una buena manera de usar IGTV. Esto también le permite posicionarse como un experto en su campo. Por ejemplo, si usted es un entrenador personal, podría utilizar IGTV para proporcionar orientación básica sobre ciertas prácticas de acondicionamiento físico que su audiencia podría estar utilizando en sus propias rutinas de acondicionamiento físico para ayudarles a lograr sus objetivos.

También puede compartir consejos e información nutricional, recetas, estrategias sobre cómo diseñar las rutinas de ejercicio de un espectador, y mucho más. Si usted es una empresa que vende productos por diversión, podría considerar usar su canal IGTV para entretener a la gente mostrándoles los productos en uso. Por ejemplo, la tendencia de "fidget spinner" de 2017 podría haber usado IGTV para mostrar a la gente videos de individuos haciendo trucos interesantes con sus "fidget spinners".

Puede usar su IGTV para compartir de la forma que desee, aunque es importante que sus acciones siempre sean relevantes para la imagen y el mensaje de su marca. Estos videos son diferentes a sus historias o videos en vivo, ya que permanecen visibles hasta que los elimine, por lo que debe asegurarse de crear contenido que sea interesante y valioso durante un largo periodo de tiempo.

Comentando y dando me gusta

Aunque comentar y dar me gusta no es exactamente una acción a hacer en su perfil personal, puede ser una estrategia que puede utilizar para conseguir que más personas miren su perfil y lo sigan. Cuando comenta y le gustan las entradas adecuadamente, puede aumentar su propio compromiso, ser visto por más gente y maximizar sus posibilidades de que le siga su público objetivo. Por esa razón, cuando entre en Instagram, debería concentrarse en dedicar un tiempo cada día a comentar y dar me gusta a los mensajes de otras personas.

El mejor momento para que le guste y comente sobre el contenido de otros es dentro de la hora antes de que planee publicar su propio contenido. Enfóquese en comprometerse con las personas que usarán hashtags, así como con sus seguidores existentes, ya que estos son los individuos que tendrán más probabilidades de ver sus mensajes. Cuando comenta y le gusta el contenido de otros y se involucra con ellos, muestra el algoritmo de Instagram de que ambos son relevantes el uno para el otro. Esto significa que cuando publique en un breve espacio de tiempo, Instagram mostrará su nuevo contenido a las personas con las que se relacionaba. De esta manera, usted tiene más probabilidades de ser visto por su audiencia, lo que significa que usted tiene más probabilidades de ganar sus me gusta y comentarios sobre su contenido.

Otra forma en que los comentarios pueden utilizarse como estrategia es yendo a los hashtags relevantes para su nicho y dejando comentarios genuinos sobre el contenido de otras personas. Es importante que su contenido no parezca poco ingenioso o genérico. No quiere parecer que es un bot dejando comentarios automatizados. Es menos probable que la gente se involucre con comentarios que no parecen genuinos.

Si está interesado en el contenido de alguien o siente que es un cliente o seguidor potencial, preste atención a lo que dice y comente la intención de abrir una conversación con él. Al hacer esto, se construye una relación entre usted y esa persona y aumentan sus posibilidades de seguirlo. Esto también aumenta sus posibilidades de ser seguido por los seguidores de esa persona o por cualquier otra persona que pueda ver su conversación y considerarle interesante, aumentando aún más su compromiso y la proporción de seguidores.

Por último, debe centrarse en seguir a los grandes influyentes de su sector y comentar y participar regularmente con su contenido en Instagram. Cuando usted comenta sobre una entrada de un gran influencer, los seguidores que leen la sección de comentarios verán su comentario y es más probable que le sigan. Cada vez que comente un artículo de un influencer, es posible que note una afluencia de nuevos seguidores en esa interacción.

Capítulo 7: Usando influencers

Una de las mayores oportunidades para ganar atracción en Instagram es colaborar con los influencers existentes para conseguir que su marca llegue más rápido a su audiencia. En Instagram, los usuarios influencers son individuos que han cumplido su misión de construir un público objetivo y ganar su confianza. Luego comercializan productos a esta audiencia para que las personas puedan descubrir nuevos productos, aprender qué productos son dignos de confianza y gastar el dinero sabiamente.

Los influencers tienen una gran influencia en la industria y pueden dar una publicidad rápida a cualquier marca. Los seguidores ya confían en ellos y están dispuestos a comprar virtualmente cualquier cosa que su influencer favorito ponga frente a ellos. Como pequeña empresa o marca personal, poner sus productos o servicios en manos de personas influyentes y hacer que promocionen sus productos ante un público ya existente es una excelente manera de asegurarse de que está llegando a las personas adecuadas.

Ser un influencer se ha vuelto tan popular que muchas marcas y personas influyentes por igual no están utilizando el modelo con la suficiente eficacia para conseguir que los productos de una marca lleguen a la audiencia adecuada. Es importante que empiece a utilizar este modelo de manera efectiva para evitar enviar productos a las personas equivocadas, minimizar el impacto de su marca o tardar demasiado tiempo en alcanzar la tasa de crecimiento que usted desea. En este capítulo, usted va a aprender a interactuar con personas influyentes de una manera que le permita hacer crecer su marca rápidamente y conseguir más clientes que paguen por sus compras dentro de su marca en un abrir y cerrar de ojos.

Diseñando un programa de referidos

Lo primero que debe hacer antes de acercarse a un potencial influencer es crear lo que se conoce como un "programa de afiliados". Un programa de afiliados es un programa que usted diseña dentro de su empresa que permite a las personas, como personas influyentes, recibir una forma personalizada de recibir pagos de su empresa a cambio de la comercialización de sus productos. Los programas de afiliados se establecen típicamente de una manera comisionable que permite a las personas influyentes recibir pagos basados en cada venta que dirigen a su sitio web. Al estructurar el calendario de pagos de esta manera, puede asegurarse de que está animando a sus afiliados a comercializar sus productos bien, ya que se les está pagando por cada producto que pasa a través de su enlace.

Normalmente, la escala de comisiones oscilará entre el 3% y el 15% de todas las compras realizadas a través del nombre del afiliado. El tamaño de la comisión que ofrezca dependerá de lo caros que sean sus productos, de lo mucho que el porcentaje sea igual al dólar, y de lo mucho que esté dispuesto a compartir con un afiliado como comisión. Usted necesita asegurarse de que elige un porcentaje que hace que la comisión valga la pena sin que sea tan caro y que asegure que su marca no está perdiendo una cantidad significativa de dinero cada vez que se hace una venta de afiliados.

También tendrá que estructurar el programa de afiliados en su sitio web. La mayoría de las empresas ofrecen un enlace único para que los usuarios de un afiliado hagan clic y completen sus compras. O bien, ofrecerán un código de descuento único para que los seguidores de un afiliado específico añadan incentivos, así como una forma fácil de hacer un seguimiento de las comisiones. Si usted es nuevo en el negocio y está ejecutando su propia plataforma, tener un código de descuento puede ser la opción más fácil, ya que esto le permite realizar un seguimiento de cada venta de afiliados sin tener que intentar crear enlaces personalizados para cada uno de sus afiliados.

Por último, tendrá que crear un acuerdo de afiliación que tendrá lugar entre usted y sus posibles afiliados. Esto es típicamente alguna forma de documento que dice lo que sus afiliados están recibiendo. Decida si desea enviarles productos gratuitos o con grandes descuentos. ¿Cuándo pueden esperar recibir sus productos? ¿Cuándo se harán los pagos sujetos a comisión? ¿Cuánto tiempo durará el acuerdo? Asegúrese de que el formato de su contrato sea revisado por un abogado para garantizar que todo lo que contiene es legalmente vinculante y protege tanto a su marca como a usted mismo y a sus afiliados de cualquier posible mala comunicación o pasos en falso involuntarios durante su asociación.

Calificando a los influencers

Después de que haya organizado su programa de afiliados, necesita comenzar a calificar a las personas influyentes para asegurarse de que solo los que realmente le van a apoyar para hacer un impacto en línea son los que están inscritos en su programa de afiliados. Recuerde, usted no quiere ofrecer descuentos en productos o productos gratuitos a personas que tienen pocas probabilidades de obtener un retorno efectivo de su inversión. Usted desea llegar a acuerdos con personas que estarán más dispuestas a participar en sus negocios y compartirlos con un público amplio e impresionable, de modo que pueda aumentar sus ventas, el reconocimiento de su marca y sus seguidores en línea.

En Instagram, usted puede encontrar una estrategia indeseable en la que la gente comenta en un post diciendo algo como "este es un gran post - envíanos un mensaje para obtener un[producto] gratis como afiliado". Esta estrategia demuestra que las marcas no están calificando adecuadamente a los influyentes y que están tratando de atraer a tantos influencers como sea posible. Esto se debe a que a veces ganan más dinero con los que influyen que con los que realmente compran a través de los que influyen. Esto se estructura típicamente de una manera en la que los nuevos afiliados obtienen un descuento mínimo en los productos y se les ofrece un código a cambio. La empresa obtiene beneficios de la afiliación y tal vez unos cuantos dólares extra si el afiliado realmente logra que alguien más le compre a la empresa.

Cuando este acuerdo ocurre, la compañía está enturbiando su propia marca y haciendo un pobre impacto en sus esfuerzos de mercadeo. Esta es una forma muy lenta y pequeña de crecer, parece pegajosa y a menudo es spam. Estos mensajes son a menudo activados por los bots, y son repetitivos en muchos mensajes diferentes. Eventualmente, la gente en el nicho se da cuenta de lo que está sucediendo y deja de prestar atención a la marca. Como resultado, la marca se da cuenta de que se han vuelto no comercializable y necesita cerrar la tienda.

Cuando usted está calificando a personas influyentes, debe asegurarse de que está buscando personas influyentes que tengan un mayor número de seguidores, que se dirijan a un público similar al suyo y que tengan suficiente participación real en sus puestos para asegurarse de que es probable que obtengan participación en sus puestos de marketing. También quiere personas influyentes que reflejen valores de marca similares a los suyos y que se aseguren de que se posicionen de manera efectiva de modo que reflejen la imagen y los valores que promueve su empresa.

Recuerde, estos son individuos que promocionarán su empresa. A través del uso de enlaces de afiliados y códigos de descuento, será obvio que su empresa está trabajando con ellos y animando a estas personas influyentes a promover su trabajo. Usted no quiere que sus productos o servicios sean promocionados por personas que no se alinean con la imagen y los valores de su marca, ya que esto puede resultar en que su marca sea posicionada de una manera que niegue la imagen que usted prefiere.

Por último, cuando califique a las personas influyentes, siempre busque a las que tengan más probabilidades de mirarlo a usted también. Recuerde, las personas que ejercen una influencia real se ganan la vida trabajando regularmente con las empresas en la promoción de productos y en el intercambio de servicios con su audiencia existente. Si usted es una compañía nueva y está tratando de apuntar a personas influyentes que tienen cientos de miles o incluso millones de seguidores y usted no está ya conectado con el influenciador de alguna manera, es posible que se le pase por alto.

Busque personas influyentes que estén sólo unos pocos niveles por delante de usted y que se ajusten a sus criterios de calificación para asegurarse de que se está conectando con aquellos que probablemente trabajarán junto con su marca y le harán justicia a través de sus estrategias de marketing. De esta manera, usted puede asegurarse de que está ejecutando su programa de afiliados y utilizarlo como una verdadera estrategia de negocio, lo que hace que valga mucho más su tiempo y esfuerzo.

Acercamiento adecuado a los influencers

El siguiente paso después de calificar a las personas influyentes es asegurarse de que usted se está acercando a ellos adecuadamente. El ejemplo que usted vio al principio de la sección anterior es una manera común en que la gente intenta llegar a los que ejercen influencia, pero también es altamente ineficaz. Cuando usted interactúa con personas influyentes de este modo, lo que termina sucediendo es que las personas influyentes profesionales más grandes pueden ignorarlo, ya que creen que su negocio es ilegítimo. Las personas más pequeñas que desean convertirse en personas influyentes, pero que carecen de sentido comercial y de marketing, pueden llegar a usted. Si bien puede crecer, será lento, mínimo y requerirá mucho esfuerzo por su parte para alcanzar el nivel de crecimiento que alcanzaría si se dirigiera eficazmente a las personas adecuadas.

Cuando usted busca acercarse a la gente para considerar su programa de afiliados, hágalo de una manera profesional, buscando el método adecuado para ponerse en contacto con ellos primero. La mayoría de las personas influyentes tendrá alguna forma de contacto disponible en sus cuentas Instagram, como una dirección de correo electrónico o un botón "contáctame" que le permitirá ponerse en contacto con ellos. Si no ve una manera clara de contactar con ellos profesionalmente, querrá enviar un mensaje al influencer y preguntarle si tienen un método de contacto preferido para las marcas que buscan conectarse con ellos. Siempre acérquese a los afiliados en privado y asegúrese de compartir de manera profesional para que los afiliados se sientan más cómodos conversando con su marca. Nunca deje que sea el influenciador quien se ponga en contacto con usted. Depende de usted llegar a ellos, ya que es su marca la que está buscando sus servicios.

En sus mensajes, sea muy formal y claro sobre su propuesta. ¿Por qué su empresa desea colaborar con ellos? Además, asegúrese de que está enviando mensajes al influenciador de una manera que tenga sentido y que no parezca una cantidad abrumadora de información. Empiece por presentarse a sí mismo, a su empresa, a sus valores y a sus productos y servicios, de modo que el influenciador pueda determinar si usted está incluso alineado con lo que ellos desean comercializar a su audiencia en primer lugar.

Luego, si muestran interés en pasar al siguiente nivel, tómese el tiempo para repasar los detalles del programa y la oferta que usted tiene para ellos. Asegúrese de ser siempre claro y franco. Usted nunca quiere entrar en un acuerdo de afiliación después de haber usado tácticas de manipulación en un intento de conseguir que un influenciador se una a usted.

Recuerde, las personas influyentes hacen tratos como este todo el tiempo. Si se acerca a los correctos, serán profesionales y sabrán qué esperar y qué hacer en el proceso de construcción de acuerdos con las empresas. Si usted utiliza prácticas comerciales turbias, intenta manipularlas o es deshonesto de alguna manera, es muy probable que el influencer se dé cuenta de ello y se niegue a trabajar con usted. Él o ella no querrá quedar atrapado en un trato que no les sirva a ellos o a su público.

Si un influencer decide que quiere trabajar con usted, asegúrese de ser siempre franco y honesto y de mantener abiertas las líneas de comunicación entre usted y el influencer. Sea profesional y asegúrese de que siempre se le pague a tiempo, de que cualquier cambio o preocupación sea atendida profesionalmente, y de que usted les agradezca por sus servicios y su compromiso de apoyar su marca. Cuanto más profesional sea, más querrá un influencer compartir con su audiencia y más crecimiento verá su negocio. Los influyentes hablan entre ellos, así que, si le pillan construyendo una reputación negativa o tóxica, saldrá a la comunidad bastante rápido y tendrá que luchar para crear cualquier trato futuro. Esto, de muchas maneras, puede condenar su negocio y destruir su reputación por completo.

Si un influenciador decide que no quiere trabajar con usted o si no responde a su pregunta, asegúrese de que usted es profesional lidiando con esto también. No moleste al influenciador enviándole mensajes repetidamente, tratando de llamar su atención, o tratando de hacer trueque con él para que cambie de opinión, ya que este tipo de comportamiento solo lo llevará a construir una mala reputación.

Agradezca a la persona influyente por el tiempo dado si ha respondido y respete su decisión. Nunca se sabe, tratar a un influenciador con respeto desde el principio puede conllevar la oportunidad de crear un acuerdo más tarde, cuando su marca es más grande y es más reconocida públicamente. Al principio en los negocios y en el mundo de los medios de comunicación social, nunca se quiere quemar puentes con personas que tienen la oportunidad de hacer crecer o de hundir su nombre en la industria.

Sección 3: YouTube

Capítulo 8: Estadísticas de YouTube y tendencias

YouTube es una plataforma de redes sociales que ha permanecido relativamente inalterada a lo largo del tiempo, además de haber realizado ajustes sutiles en la forma en que los usuarios pueden subir y compartir vídeos a medida que la tecnología ha mejorado. Si quiere entrar en YouTube, debe saber que la base de la plataforma es compartir vídeos. Por lo tanto, si está buscando algo más dinámico que eso, es posible que desee buscar en otro lugar. Dicho esto, estar en YouTube ofrece muchas ventajas que pueden ayudar a las marcas a añadir una capa extra a su negocio y a crecer más rápidamente a través del contenido de vídeos.

Estadísticas de YouTube

YouTube puede tener más competencia que nunca con Facebook e Instagram añadiendo opciones de canal en sus plataformas, pero YouTube sigue dominando en la industria de compartir vídeos. En 2018, más de 30 millones de usuarios diarios estaban viendo más de 5.000 millones de vídeos en YouTube de más de 50 millones de creadores de contenido que comparten contenido en la plataforma. A pesar de la mayor competencia, el tiempo medio de visualización de

YouTube aumentó un 50% año tras año, con un promedio de 40 minutos de contenido vistos por una persona cada día.

La demografía de YouTube es muy diferente a la de la mayoría de las otras plataformas, con más del 60% de los usuarios varones y más del 80% de los usuarios procedentes de fuera de los Estados Unidos. En 2018, aproximadamente el 9% de los propietarios de pequeñas empresas utilizaban YouTube de alguna manera para generar contenido de vídeo para sus audiencias. Entrar en YouTube es una gran manera de llegar a las audiencias de más de 35 años y más de 55 años, ya que estas parecen ser las que más están entrando en YouTube para consumir y disfrutar el contenido realizado por aquellos creadores que les gustan.

Tendencias en YouTube

El contenido de vídeo ha ido creciendo constantemente en popularidad a medida que la gente disfruta viendo a otras personas en acción. En lugar de simples imágenes o texto escrito, el contenido de un vídeo ofrece a los espectadores la oportunidad de sentir que se están conectando personalmente con las marcas al ver a personas reales realizar tareas reales. Esto parece alinearse con la tendencia creciente de traer de vuelta lo "social" en los medios de las redes sociales para que la gente pueda empezar a sentirse como si estuviera conectada una vez más. La interacción en vídeo ofrece una alternativa a la de martillar el sistema lleno de materiales promocionales e intentar convertir a cada uno de los miembros de la audiencia en una parte de sus sueldos.

Debido a que el contenido de vídeos está aumentando tanto y a que los miembros de la audiencia están buscando un mayor compromiso social por parte de los creadores de contenido, las marcas están atendiendo a sus audiencias mediante la creación de contenido gratuito para que su audiencia lo disfrute. Este contenido gratuito puede ser diseñado como tutoriales, vídeos informativos o educativos, entretenimiento, guías, vídeos inspiradores, o cualquier otra cosa que se alinee con la imagen y el mensaje de la marca y ofrezca valor a su audiencia.

Normalmente, el contenido también se referirá a uno de los artículos de pago de la marca, pero lo hará de una manera que todavía proporciona un valor excepcional a la audiencia, ya sea que lo compre o no. De esta manera, son capaces de generar interés en su audiencia y establecer una audiencia recurrente. La marca sigue siendo relevante, de modo que si un producto, servicio o incluso tiempo diferente atrae más a un miembro de la audiencia, es más probable que se compren esos artículos. En otras palabras, una audiencia retenida equivale a una mayor oportunidad de hacer ventas debido al hecho de que los miembros de la audiencia pueden encontrarse sin interés o incapaces de comprar de inmediato, pero dispuestos a comprar en una fecha posterior o adquirir un producto diferente.

¿Quién NO debería estar en YouTube?

A pesar de que el contenido de vídeo está a la moda estos los últimos años, YouTube sigue siendo una plataforma bastante específica y no todo el mundo va a tener el mismo éxito en esta plataforma. Si desea generar un éxito masivo con YouTube, debe asegurarse de que lo está utilizando correctamente, de que su público objetivo está realmente en él, y de que es capaz de llegar a su público en cualquier otro lugar de la red utilizando sus vídeos de YouTube. La mayoría de las demás plataformas ofrecen ahora funciones de vídeo válidas. Puede que le resulte más útil pasar tiempo en esas plataformas y con sus respectivos servicios de vídeo si no es usted alguien que va a obtener el máximo valor de YouTube.

YouTube es excelente para los creadores de contenido que están dispuestos a producir contenido consistente semanalmente y que son capaces de proporcionar un inmenso valor a través de ese contenido de una manera que tiene sentido para el canal y la marca en general. Piénsalo de esta manera, la mayoría de la gente que está viendo YouTube lo está viendo como si fuera Netflix o Hulu, excepto que es creado por individuos que son capaces de subir su propio contenido.

Cuando alguien le sigue en YouTube, quiere confiar en que su contenido será coherente, que puede esperar verlo el mismo día de cada semana y que puede confiar en que cada vídeo va a ser interesante o relevante para ellos. Esta es la razón por la que la mayoría de los creadores de contenido crearán una serie de vídeo con episodios que cargan de forma coherente para los miembros de su audiencia. Si no está preparado para crear un canal coherente y consistente con muchos vídeos interesantes, similares y relevantes para que su audiencia los vea, puede que no sea una buena idea que empiece a crear contenido para YouTube.

Sin embargo, hay ciertas excepciones a esta regla. Muchas marcas crearán solo unos pocos vídeos y los subirán a YouTube y los incorporarán a sus estrategias en otras plataformas como parte de su canal. En esta situación, en lugar de intentar crear un seguimiento en YouTube, estos creadores están utilizando YouTube para hacer crecer sus seguidores en una cuenta separada en una plataforma completamente diferente.

También puede considerar la posibilidad de crear contenido privado en YouTube que luego se comparte con personas privadas, ya sea a través de una suscripción a YouTube o a través de cursos privados en su sitio web si usted es un creador de cursos digitales. Debido a que YouTube es tan versátil, hay muchas maneras de combinarlo con otras plataformas y estrategias para asegurarse de que está sacando el máximo provecho de su estrategia en línea general. No tenga miedo de considerar YouTube si quiere incorporar vídeo en otro lugar. Sin embargo, asegúrese de considerar si los vídeos de YouTube van a ser el método más eficaz que usted pueda utilizar cuando se trata de crear este contenido, a diferencia de otras características de vídeo in-app que se están incorporando en diferentes plataformas.

Capítulo 9: Creando una estrategia para YouTube

Si usted determina que YouTube es una parte efectiva de su estrategia general en línea, entonces es importante que se acerque a YouTube con la estrategia correcta para asegurar el crecimiento del canal. Si utiliza YouTube para incorporarlo específicamente a otra plataforma de medios sociales o para crear contenido del curso, este capítulo será irrelevante para usted, ya que incluirá compartir vídeos o clips de YouTube en plataformas separadas. En ese caso, simplemente va a crear una estrategia para esa plataforma y a establecer cómo va a incorporar YouTube en ella. Sin embargo, si quiere crear una presencia consistente en YouTube y empezar a ser visto más frecuentemente por su audiencia aquí, querrá tener una estrategia específica en YouTube que le ayudará a ser visto y generar más atracción en la plataforma.

YouTube es diferente a otras plataformas, ya que está construido para ser más parecido a un motor de búsqueda basado en vídeo que a una plataforma de intercambio social. No hay manera de compartir actualizaciones de estado, fotos o historias con miembros de su audiencia. En lugar de eso, simplemente se comparten fotos y se intercambian comentarios y mensajes privados con los seguidores.

Debido a lo diferente que es, puede llevar algún tiempo aprender a conectar realmente con su audiencia, generar compromiso y e interacciones con ellos, y hacer crecer su negocio en YouTube.

Creando series

Antes de empezar a crear cualquier contenido o subir cualquier cosa a su canal de YouTube, es importante que empiece por crear un plan para lo que va a publicar y cuándo asegurarse de que todo lo que comparte es relevante y coherente. A la hora de decidir lo que quiere publicar en YouTube, incluyendo el tema de su serie y los episodios que usted quiere crear, es importante que se asegure de que el tema de su canal y el contenido que va a compartir sea relevante para su audiencia.

Muchas marcas cometerán el error de crear canales de YouTube pensando que el contenido que están creando va a ser relevante para su audiencia, pero, desafortunadamente, no lo es y por eso su audiencia nunca crece. Si quiere adquirir el éxito en YouTube, tiene que empezar por asegurarse de que está diseñando una serie y episodios que realmente van a atraer a su audiencia y que pueden ganar atracción en línea. De lo contrario, simplemente estará perdiendo el tiempo y puede frustrarse al tratar de construir su audiencia en YouTube.

Cuando se trata de determinar qué serie desea crear, considere lo que le importa a su audiencia y lo que quiere ver y aprender. Su serie debe ser siempre relevante para su nicho. Cuando se trata de crear contenido de YouTube, usted quiere centrarse aún más en el láser para asegurarse de que es capaz de dirigirse claramente a una parte de su audiencia y empezar a construir desde ese punto. Siempre se puede tratar de expandir a más audiencia con el tiempo o diversificar a través de los episodios, pero la serie en general debe estar muy enfocada en la audiencia objetivo, particularmente en la parte de la audiencia que tendrá más probabilidades de ver videos más largos.

Por ejemplo, si usted es un entrenador personal para mujeres, podría considerar comenzar una serie de yoga en YouTube para empezar a ofrecer apoyo a las personas que no pueden trabajar con usted en persona, ya sea debido a los fondos o a la distancia. Esta es también una gran manera de proporcionar apoyo adicional a su audiencia local y a aquellos que quieran una estrategia de acondicionamiento físico adicional para usar en sus propias casas cuando no están en el gimnasio entrenándose con usted.

Usted puede determinar cuál va a ser la mejor serie mediante la realización de estudios de mercado. Tómese un tiempo para ver qué vídeos se ejecutan mejor en YouTube, qué busca su audiencia y qué preguntas hacen más a menudo. Cuando empieza a crear el contenido que su audiencia quiere ver de forma consistente, es más fácil desarrollar un canal de YouTube que crezca rápidamente y le permita obtener un flujo de ingresos adicional.

La última parte del trabajo de preparación que necesita hacer en el diseño de su canal es crear su programa de publicación, que determinará su frecuencia para subir vídeos a YouTube. La mayoría de los canales nuevos publicarán una o dos veces por semana, y algunos más grandes lo harán diariamente. Puede empezar con el número más bajo desde el principio y, si le parece que encaja, aumente su frecuencia con el tiempo a medida que empieza a aprender a crear vídeos de alta calidad y a promocionarlos en línea de forma efectiva. Asegúrese de que el horario que se proponga crear al principio sea uno que pueda cumplir. ¡Usted no quiere promover un espectáculo que se emitirá varias veces a la semana solo para descubrir que ha prometido mucho más de lo que razonablemente puede entregar!

Diseñando contenido para YouTube

Una vez que haya decidido de qué tratará su serie, debe asegurarse de que empieza a crear contenido de alta calidad que realmente encaje con el propósito de su serie. Hay algunas maneras de crear contenido para su canal. La mejor manera es seguir un proceso simple de tres pasos para crear cada una de los vídeos que irán en su plataforma. Esto incluye la elección del tema, la descripción de lo que se va a hablar y, a continuación, la filmación del vídeo que se va a subir a YouTube.

Cuando se trata de elegir un tema, asegúrese de elegir uno que sea relevante para su serie y que vaya a ofrecer a su audiencia algo relevante e interesante que ver. Empiece por elegir un tema general y determine cómo encaja con los vídeos que ya ha realizado, si se alinea con lo que su público responde mejor y cuánto tiene que decir sobre el tema. Si usted tiene un tema que va a ser fácil de hablar, le proporciona suficiente contenido relevante para atraer a su audiencia, y que le dará alguna forma de valor tangible, ¡entonces usted sabe que ha tocado un tema positivo para comenzar a hablar de él en su canal!

El siguiente paso es esbozar su vídeo real para estar preparado cuando llegue el momento de filmarlo. Nada es peor que ver un video de alguien que no está preparado y que pasa todo el tiempo hablando sin rumbo, confundido o, en general, sin tener claro qué es lo que quiere decir. Usted necesita hablar con claridad, enfoque y dirección.

Es probable que tampoco quiera ver el contenido de un guion, a menos que la persona esté increíblemente dotada para hacer que el guion suene auténtico. Asegúrese de resaltar algunos puntos de los que quiere hablar, y en qué orden, para que cuando empiece a filmar para su canal de YouTube, sea capaz de filmar un vídeo de alta calidad que ofrezca un contenido magnífico de forma directa y clara.

Cuando se trata de filmar, asegúrese de que está listo para filmar contenido de alta calidad con el equipo adecuado. Usted puede utilizar la iluminación natural o puede comprar un kit de iluminación barata que puede colocar delante de usted para asegurarse de que está bien iluminado cuando se trata de filmar sus videos. También debe asegurarse de que está filmando vídeos de alta calidad con una calidad de al menos 1080p. Aunque, 4K será una preferencia en 2019, ya que la mayoría de los reproductores y dispositivos de vídeo estándar soportan 4K. Por último, asegúrese de que está eligiendo un fondo que sea atractivo, no que distraiga, y que encaje con su vídeo y agregue profundidad a lo que todos estarán viendo.

Entendiendo el SEO de YouTube

Una vez que haya filmado su vídeo, tendrá que subirlo a YouTube utilizando estrategias adecuadas de SEO para asegurarse de que encuentran su vídeo realmente. Recuerde, YouTube es un motor de búsqueda de vídeos, por lo que debe asegurarse de que su vídeo está diseñado correctamente para aumentar sus posibilidades de ser encontrado por los espectadores potenciales. Puede aumentar la visibilidad del vídeo utilizando el título, la descripción, las palabras clave y las miniaturas correctas.

Cuando se trata de títulos, los navegadores de YouTube ven los primeros 30 caracteres del título en el móvil y alrededor de 60 en los navegadores. Usted quiere asegurarse de crear títulos que capturen inmediatamente la atención del espectador y que no sean demasiado largos para evitar que el título se corte en los resultados de la búsqueda. Si el título de su vídeo es demasiado largo o no capta la atención inmediatamente, es posible que la gente no sepa lo que es o no se dé cuenta de que sería relevante para ellos.

Asegúrese de que sus títulos sean descriptivos, claros y cortos para asegurarse de que lo encuentran. Por ejemplo, en lugar de crear un título que diga "mi tutorial profesional de maquillaje para el ojo ahumado", su vídeo debería ser algo así como "tutorial de Ojo Ahumado- Aprobado por mí". De esta manera, su título es pegadizo, interesante y directo. La primera parte del título refleja la parte más importante del vídeo y el resto proporciona información interesante y perspicaz que puede animar a alguien a elegir su vídeo por encima de los demás.

Las descripciones le permiten añadir más claridad o contexto a sus vídeos, aunque las descripciones más largas suelen ignorarse, ya que YouTube se utiliza principalmente para compartir vídeos. Asegúrese de que sus descripciones sean directas e interesantes y no tenga miedo de usarlas para promocionar cualquier cosa de la que pueda estar hablando en el video. Por ejemplo, muchas marcas utilizan la descripción del video para enlazar con ciertos productos, servicios o información para los espectadores que pueden estar interesados en aprender más. Simplemente llene la descripción del video con esa información y hágalo corto y ameno.

Cada vídeo puede tener hasta 25 palabras clave etiquetadas en el vídeo que no son vistas por los espectadores, pero que ayudan a que el vídeo sea clasificado y categorizado correctamente en YouTube. Si desea maximizar su audiencia, debe asegurarse de que está utilizando las palabras clave correctas para que su vídeo sea visto y localizado. Hay dos maneras excelentes de encontrar palabras clave de YouTube para usar en sus vídeos: buscándolas en un navegador de palabras clave o escribiéndolas en la barra de búsqueda de YouTube y viendo qué "búsquedas populares" aparecen en la barra de sugerencias. Ambos le darán una idea de las palabras clave que debe utilizar en sus vídeos para asegurarse de que se encuentra.

Por último, asegúrese de que está utilizando una miniatura de alta calidad que despierte el interés de su vídeo y que proporcione a los posibles espectadores una idea de cómo será su vídeo. Cuanto más interesante y llamativa sea la miniatura, más probable es que la gente haga clic y vea el vídeo. En YouTube, cuantas más vistas tenga, más alto se clasificará en el motor de búsqueda, lo que es una forma excelente de aumentar su posicionamiento SEO en YouTube.

Capítulo 10: Comercialice su canal adecuadamente

La última parte del crecimiento de su canal de YouTube es la comercialización adecuada. Una vez más, YouTube es una plataforma muy versátil que puede integrarse casi en cualquier lugar. Dicho esto, usted quiere asegurarse de que está invirtiendo tiempo en integrarlo correctamente para garantizar que está creando oportunidades óptimas para que sus vídeos sean vistos en línea. En este capítulo, vamos a tratar sobre cómo puede compartir su vídeo en la red para aumentar la visibilidad de su canal.

Compartiendo en plataformas de redes sociales

Compartir sus videos en plataformas de medios sociales es una de las mejores maneras de asegurarse de que su público objetivo le está descubriendo, ya que es probable que su público objetivo ya le esté siguiendo en otras plataformas. Cuando comparta en otras plataformas de redes sociales, asegúrese de que realmente comparte de una manera que sea auténtica y aumente el interés, en lugar de simplemente "dejar caer el enlace" o colocar un enlace sin una explicación clara de lo que es o por qué la gente debería verlo. Cree una publicación sobre lo que es su vídeo, explique por qué es tan valioso e invite a la gente a verlo. Puede hacer esto en pocas palabras o a través de un mensaje más grande dependiendo de quién es su audiencia y qué es lo que más les atrae.

Asegúrese de evitar el uso de frases como "mira lo que pasa cuando esta abuela abre este regalo...", ya que son anticuadas y ya no crean el mismo impacto que una vez crearon en línea. Asegúrese de compartir el enlace en tantas áreas como pueda y en tantas plataformas como pueda. No tenga miedo de compartir clips en sus historias, posts de Facebook, posts de Twitter, una foto de Instagram dirigiéndose a la gente allí, enlaces en grupos y en blogs, etc., siempre y cuando esté compartiendo algo realmente. Asegúrese de que sus mensajes aparezcan como únicos y atractivos, y no como spam o abrumadores. Intente reciclar su contenido sin copiarlo y pegarlo directamente para asegurarse de que la gente vea que ha puesto un pensamiento genuino en compartirlo con cada una de sus audiencias.

Embedding en su sitio web

Si tiene un sitio web, compartir vídeos incrustándolos o subiéndolos a las entradas del blog es una buena manera de añadir otro punto de interés a su sitio web. Esto le permite construir su sitio web en su embudo. Por ejemplo, si construye un blog y comparte sus vídeos ahí, puede dirigir a las personas de otras plataformas de medios sociales a su blog, lo que podría permitirles formar parte de su lista de correo electrónico si tiene habilitada la captura de clientes potenciales en su sitio web.

Compartir en un boletín de noticias en su correo electrónico

Si usted tiene un boletín semanal por correo electrónico, esta es otra gran oportunidad para que usted pueda compartir videos con su audiencia. Puede crear un boletín en torno a su último vídeo y compartirlo de esa manera, lo que permite a la gente hacer clic y ver su vídeo en su cuenta de YouTube o en su blog. Si desea aumentar su oportunidad de compartir a través del correo electrónico con su contenido de YouTube, así como otros formatos de contenido, usted querrá asegurarse de que utiliza un blog en su sitio web y que tiene un incentivo efectivo que anima a la gente a unirse a su lista.

Sección 4: Facebook

Capítulo 11: Estadísticas de Facebook y tendencias

Facebook es una de las plataformas de redes sociales más antiguas y más grandes que existen, y también ofrece una plataforma diversa y extensa para que las marcas hagan crecer sus negocios. Si usted está buscando construir su marca en línea, Facebook debe ser virtualmente siempre una parte de su estrategia, ya que ofrece una amplia demografía que utiliza la plataforma de forma regular, por lo que es la mejor opción para cualquier negocio con casi cualquier tipo de público.

¿Quién está en Facebook?

Facebook es la mayor plataforma de redes sociales en línea y resulta que tiene el rango demográfico más amplio de todas las plataformas de redes sociales disponibles. Facebook tiene más de 1.320 millones de usuarios activos diarios, lo que lo sitúa alrededor de un 40% más popular que cualquier otra plataforma en 2018. La mayoría de los usuarios de Facebook revisan sus cuentas varias veces al día y siguen una de las más de 50 millones de páginas de negocios que están activas en Facebook.

Facebook tiene una distribución bastante uniforme entre hombres y mujeres que utilizan la plataforma, lo que la convierte en un gran medio con el que apuntar a ambos sexos. Más del 80% de los usuarios de Facebook son menores de 45 años, aunque todavía hay una amplia gama de personas mayores de 46 años que también utilizan la plataforma de forma regular. Es menos probable que las generaciones mayores sigan las plataformas de negocios y se involucren en el contenido empresarial, ya que por lo general solo lo utilizan para conectarse con la familia y algunos sectores de las generaciones mayores no saben cómo utilizar la plataforma con todas sus características.

¿Quién necesita estar en Facebook?

En pocas palabras, si usted es una empresa en 2019, tienes que estar en Facebook. Todo el mundo puede beneficiarse de tener una presencia en Facebook, incluso si no está usando Facebook como su plataforma principal. Muchas marcas incluso generan una página de Facebook y programan el contenido de una semana a la vez y luego simplemente se comprometen con cualquier comentario que puedan recibir de ese contenido. Este tipo de estrategia asegura que la plataforma permanezca activa y funcionando, incluso si no la está utilizando como su principal fuente de conexión.

Otra razón por la que necesita estar en Facebook es porque Facebook es propietario de Instagram. Esto significa que cualquier publicidad de pago que desee hacer en Instagram, o cualquiera de las características comerciales más elaboradas que desee utilizar en esa plataforma, debe hacerse a través de Facebook. Si no tiene una página de negocios en Facebook, no podrá crear una cuenta de negocios en Instagram ni lanzar promociones pagadas en la plataforma de Instagram. Por esa razón, todas las marcas deben estar en Facebook en 2019, si es que no lo están ya.

Capítulo 12: Creando una estrategia para Facebook

Una vez que esté en Facebook, necesita diseñar una estrategia para aumentar su audiencia y empezar a conectarse con más gente en línea. Facebook tiene como objetivo más actividad social en 2019, por lo que es importante que aprenda a socializarse de una manera que enfatice la conexión social si va a crear alguna atracción o ser visto por su público objetivo en línea. En Facebook, pasar el tiempo es tan importante como lo que usted comparte, ya que la plataforma ofrece muchas oportunidades diferentes para compartir contenido en diferentes áreas. Por esa razón, si planea usar Facebook activamente, necesitará una estrategia diversificada que le ayude a ponerse delante de tanta gente como pueda.

Lugares en dónde publicar

Facebook tiene tres áreas en las que puede publicar contenido: en páginas de negocios, en su página personal o en grupos. Muchas personas están utilizando las páginas personales como su principal oportunidad para construir una presencia profesional en Facebook, ya que estos perfiles son los más fáciles de obtener visitas. Dicho esto, no se puede construir una marca a través de un perfil personal de Facebook a menos que su marca sea una marca personal, por lo que tendrá que tener algún tipo de página de negocios en la que construir. Por supuesto, siempre puede compartir el contenido de la página de su negocio en su perfil personal, maximizando su alcance. Además de compartir en su línea de tiempo nativa, también puede compartir en grupos que sean relevantes para su nicho, lo que puede hacer mucho más fácil que su marca sea vista por su audiencia en línea.

Creando páginas de negocios

Construir una página de negocios en Facebook si aún no lo ha hecho es importante, ya que le dará acceso a muchas funciones valiosas, como la creación de anuncios de pago y el aumento de puestos. En 2017, Facebook anunció una nueva función de "reloj" que también se hizo más popular a finales de 2018 y que seguirá creciendo en 2019. Si quiere tener el potencial para que sus videos sean vistos en la plataforma de visualización, necesitará tener una página de negocios en la que pueda publicar videos regularmente y ganar nuevos seguidores.

Puede construir la página de su negocio en Facebook simplemente haciendo clic en el botón "crear una página" en el menú de acciones en el lado izquierdo de la pantalla de su escritorio. Desde allí, podrá elegir un nombre de página (que debería ser su nombre de marca), elegir una imagen de perfil y elegir una imagen de portada para su página. Luego, usted querrá ir a la configuración de "acerca de" y mencionar de qué categoría es su página, qué palabras clave están asociadas con su página, crear un nombre de usuario para su página, y crear una breve descripción para la misma.

Una vez que tenga una página de negocios, tendrá que actualizar regularmente el contenido de la página para asegurarse de que permanezca activa y relevante. También querrá compartirlo frecuentemente con varios grupos y en su perfil personal para que su página pueda ser vista. También puede utilizar promociones pagadas y posts potenciados como una forma de conseguir que su página sea vista por las partes interesadas, ya que esto colocará sus posts frente a una audiencia a la que no le guste su página, lo que hará más fácil que le encuentren.

Creando contenido de calidad

La creación de contenido para Facebook requiere que comparta una variedad de imágenes, vídeos y actualizaciones de estado para que su público tenga una variedad de contenido para consumir. Típicamente, la mayoría de las marcas se adhieren principalmente a uno o dos medios de compartir y solo se interesan por los demás de vez en cuando, ya que hay muchas maneras diferentes de compartir y tratar de usar todos ellos sería muy abrumador. Si usted es nuevo en Facebook y se está preguntando cuál es el mejor para empezar, considere empezar con el contenido de vídeo por su popularidad. También puede utilizar fotografías que tengan citas o que vayan acompañadas de citas inspiradoras en el título.

Cuando comparta, asegúrese siempre de que el contenido que está compartiendo sea de alta calidad, relevante y que valga la pena leerlo. Absténgase de compartir cualquier cosa que se considere fuera de marca, que carezca de valor, que esté mal escrita o que vaya acompañada de vídeos o fotografías de mala calidad. Este tipo de contenido tiende a hacer que la gente se desplace e ignore lo que usted ha compartido.

Usted debe considerar todos los aspectos de cada uno de los mensajes y prestar atención a cómo su público recibirá estas piezas de información para asegurarse de que todo lo que publique le va a ayudar a ganar más seguidores y mayores niveles de interacción. Recuerde, cuanto más comprometido esté con su contenido, más se verá. Los mensajes con los que no se interactúa regularmente serán ocultados rápidamente por Facebook, ya que la plataforma asumirá que es irrelevante. No querrán compartirlo con sus usuarios porque no quieren generar una plataforma que sea irrelevante o poco interesante.

Capítulo 13: Publicidad en Facebook

Facebook es conocido por ofrecer una gran función de publicidad in-app que le permite a usted pagar para anunciar su marca o impulsar sus entradas en la plataforma. Los mensajes patrocinados, o anuncios pagados, son una gran manera de asegurarse de que su marca sea vista por una audiencia más amplia y que sea más probable que sea vista con frecuencia. Al utilizar la plataforma publicitaria de Facebook, es importante que la use correctamente para evitar gastar dinero en anuncios que no funcionan. Aunque el sistema es extremadamente poderoso y hay muchas grandes oportunidades, si no lo está usando eficazmente, descubrirá que su plataforma no prospera y que simplemente desperdicia dinero en anuncios de Facebook. En este capítulo, aprenderá cómo y cuándo crear anuncios para asegurarse de que está obteniendo la máxima productividad de sus mensajes mejorados y patrocinados.

Apertura de su cuenta administradora de publicidad de anuncios

Lo primero que debe hacer para alojar anuncios en Facebook o Instagram es abrir una cuenta de administrador de anuncios. Para ello, vaya a Facebook en su escritorio y desplácese hacia abajo hasta la pestaña "Administrador de publicidad" en la barra de herramientas de acciones en el lado izquierdo de la pantalla. Allí podrá introducir la forma de pago que desea utilizar y las páginas que desea vincular a su cuenta de administrador de anuncios. Una vez que haya creado su cuenta, se le llevará a un panel de control donde podrá ver los anuncios que haya creado, ver cuánto dinero debe a medida que se publiquen sus anuncios y gestionar otra información relacionada con los anuncios de su cuenta de Facebook.

Creando sus propios anuncios

Para crear un anuncio en su página de Facebook, deberá ir a las tres líneas de la esquina superior izquierda de la ventana del navegador, junto a las palabras "Gestor de Publicidad". Allí, busque la pestaña "Crear y administrar" y pulse "Administrador de anuncios". El gráfico de tareas que aparece mostrará un botón verde que dice "+ Crear" que deberá tocar y luego decidir qué tipos de anuncios desea crear para su página. Tendrá la opción de crear una campaña completa, o crear un shell de campaña donde los parámetros tales como el presupuesto y la audiencia ya están establecidos. La parte creativa de la campaña se puede diseñar en una fecha posterior.

Si desea publicar un anuncio de inmediato, deberá hacer clic en "Creación guiada de anuncios" y seguir los pasos para crear su anuncio. En primer lugar, tendrá que elegir cuál es su objetivo. Facebook ofrece 11 objetivos diferentes, que van desde el conocimiento de la marca o el alcance hasta las conversiones y las ventas por catálogo. Elija el que más se ajuste a los objetivos de su marca y utilícelo como base para toda la creación de su anuncio. Si hay unos pocos que se alinean, considere la posibilidad de ejecutar un anuncio de prueba dividido, lo que esencialmente significa que usted crea dos anuncios completamente diferentes con objetivos y contenido creativo diferentes y lo anuncia a su audiencia. Esta estrategia de pruebas divididas es una gran manera de descubrir a qué responde mejor su audiencia, lo que puede llegar a ser muy valioso en futuras campañas publicitarias.

Una vez que haya elegido su objetivo, se le conducirá a una pantalla que le permitirá diseñar el contenido creativo y técnico de su anuncio. Allí, se le guiará a través del diseño del aspecto de la campaña, la elección de quién puede ver su campaña, y decidir dónde se colocará en Facebook y/o Instagram. Por último, usted determinará cuál es su presupuesto para que su anuncio solo cueste la cantidad que usted está dispuesto a gastar y cuánto tiempo desea que se ejecute el anuncio. Facebook le permite programar los anuncios para que comiencen y terminen en ciertos días o puede elegir ejecutar una campaña continua que atraiga constantemente clientes potenciales mes tras mes. Elija la opción que mejor se adapte a su presupuesto y a los objetivos generales de su empresa.

Al crear su anuncio, asegúrese de prestar mucha atención a la guía de Facebook. Ofrecen muchos consejos sobre cómo elegir imágenes de alta calidad, qué escribir y cómo elegir el público adecuado para su campaña. También debe prestar atención a la investigación de mercado que ya ha realizado para asegurarse de que se dirige a la audiencia correcta, utilizando las imágenes correctas y diseñando la leyenda correcta para animar a la gente a que se involucre realmente con su contenido. Diseñe su anuncio como si estuviera diseñando una publicación de alta calidad y asegúrese de que sea atractivo e interesante. Evite crear un anuncio que sea spam, que se parezca demasiado a "cualquier otro anuncio" o que carezca de un contexto atractivo o interesante que anime a alguien a hacer clic y prestar atención.

Monitorear su rendimiento

Una vez que su anuncio ha sido publicado, tendrá que supervisar su rendimiento. En Facebook, tiene la opción de desactivar los anuncios que no tengan el rendimiento que desea, así que no tenga miedo de detener el rendimiento de cualquier anuncio que no esté captando la suficiente atención o que esté siendo visto por la audiencia equivocada. Es imperativo que preste atención a los análisis que recibe cada día. Usted no quiere pagar dinero por anuncios que no están funcionando lo suficientemente bien.

Puede prestar atención al rendimiento de su anuncio volviendo a su cuenta de administrador de anuncios y ver cuántas impresiones e interacciones está obteniendo cada anuncio. Para asegurarse de que su anuncio se está desempeñando bien, preste atención a cuántas de estas impresiones y compromisos se están convirtiendo para ayudarle a alcanzar sus objetivos y quién está prestando realmente atención a sus publicaciones. Cuando usted tiene anuncios que apuntan a la audiencia correcta y se desempeñan bien mediante la creación de reacciones fuertes, asegúrese de prestar atención a la forma en que el anuncio fue creado, lo que decía, y lo que se estaba ofreciendo para que pueda empezar a recrear estos anuncios. ¡De esta manera, todos sus anuncios deberían comenzar a funcionar de manera más efectiva!

Sección 5: LinkedIn

Capítulo 14: Estadísticas de LinkedIn y tendencias

LinkedIn es una poderosa plataforma de redes sociales para que los profesionales conecten entre ellos. Tiende a estar muy subestimada debido a que muy pocas personas entienden qué es la plataforma y cómo funciona. LinkedIn es en realidad una excelente plataforma para conectarse con socios potenciales, así como para sentar las bases para aumentar las cifras de ventas en su negocio. También puede utilizar LinkedIn para ayudarle a conectarse con nuevos empleados o para descubrir nuevos contratistas que le ayuden a hacer crecer su negocio. Hay muchas maneras positivas en que LinkedIn puede ser organizado en su estrategia de éxito para su negocio, lo que hace que valga la pena examinarlo y considerarlo como parte de su plan de acción.

¿Quién usa LinkedIn?

A partir de 2018, LinkedIn se convierte en la plataforma número uno para las conexiones de empresa a empresa. Cuenta con un número de profesionales altamente capacitados que buscan conectarse con otras compañías para promover sus propias marcas. LinkedIn cuenta actualmente con más de 590 millones de usuarios, de los cuales se cuentan 260 millones como activos mensualmente. Cuando se trata de conectarse con individuos poderosos, LinkedIn ofrece una demografía que cuenta con más de 61 millones de usuarios que son considerados influenciadores de alto nivel y 40 millones de los cuales están en condiciones de tomar decisiones clave en sus empresas. La distribución de la proporción de hombres a mujeres en LinkedIn es bastante equilibrada, ya que el 56% de los usuarios son hombres y el 44% mujeres. Solo el 13% de la población de LinkedIn pertenece a la generación Millennial (15 a 34 años), lo que significa que el 87% de los usuarios de LinkedIn tienen más de 35 años, y esto la convierte en una gran plataforma para cualquiera que busque conectarse con profesionales de mediana edad.

¿Quién NO debería usar LinkedIn?

Si está planeando usar LinkedIn, necesita hacerlo con la intención de conectarse con otros negocios y personas influyentes de la marca. Si usted es una marca de servicios profesionales, LinkedIn es perfecta porque lo pondrá en contacto directo con su cliente ideal.

Sin embargo, si usted es una marca de productos o servicios personales, tendrá que ajustar su uso de LinkedIn si está decidido a incorporarlo a su estrategia de éxito. El ajuste clave que tendrá que hacer es usar LinkedIn para ayudarle a hacer crecer sus conexiones, red, o back end - en lugar de usarla para ayudarle a hacer más ventas en su negocio.

Por lo tanto, si usted vende moda, por ejemplo, usar LinkedIn para ayudarle a conectarse con más compañías que pueden querer vender sus productos en sus tiendas (en lugar de usarla para conectarse con clientes reales) tendría sentido. Si usted no está en una posición en la que necesita conectarse con más marcas y negocios, LinkedIn puede no ser la mejor plataforma para que usted intente hacer crecer su marca.

Capítulo 15: Creando una estrategia para LinkedIn

LinkedIn es una plataforma relativamente fácil de usar, ya que está estructurada de forma similar a Facebook y puede ser utilizada para generar conexiones de negocio productivas y significativas si se utiliza correctamente. Si está buscando usar LinkedIn para su negocio, le alegrará saber que incorporarlo a su estrategia de éxito es simple y se puede hacer con una curva de aprendizaje relativamente sencilla, especialmente si ya está utilizando Facebook de una manera u otra.

Para dominar completamente su estrategia de LinkedIn, hay tres pasos que tendrá que seguir: crear su perfil, crear su red y participar en la plataforma. Una vez que empiece a aplicar estas tres estrategias, crecer en LinkedIn se vuelve bastante sencillo.

Creando su perfil

El primer paso para crecer en LinkedIn es construir su perfil, lo cual se puede hacer registrándose y siguiendo las instrucciones para completar su nombre, añadir unas cuantas conexiones y añadir una imagen a su perfil. Una vez que haya seguido los primeros pasos guiados, su perfil de LinkedIn será completado de una manera bastante básica. Si no entra en su perfil y rellena información adicional, se dará cuenta de que no está aprovechando al máximo la plataforma y todo lo que tiene para ofrecerle. Para completar su perfil, entre a su cuenta, vaya a su perfil y haga clic en "Editar".

Desde la pantalla de edición de su perfil, agregue una imagen de fondo que sea relevante para su marca o negocio, de modo que cuando la gente llegue a su perfil, la vea y obtenga instantáneamente una idea de la imagen general de su marca. Luego, usted debe ajustar su titular para que diga algo más que el título de su puesto de trabajo, que es el titular natural o automático que se carga cuando crea su cuenta por primera vez. Deje que su titular refleje un poco de su personalidad al incluir unas pocas palabras sobre lo que hace, cuál es su objetivo o en qué se diferencia de otras personas en posiciones similares a las suyas.

Otra parte de su perfil que le permite ofrecer más información es su resumen, donde usted añade quién es y por qué está en LinkedIn. Mientras que usted podría usar esto como un lugar para resumir literalmente su perfil, también podría usarlo como un lugar donde puede compartir una historia sobre usted mismo, su marca y su misión. Haga que este área de su plataforma cobre vida ofreciendo razonamientos sobre por qué sus habilidades son valiosas, cómo ayuda a la gente y por qué le apasiona lo que hace. La personalización que usted ofrece aquí es una gran oportunidad para diferenciarse de otros individuos en su industria y ofrecer una presentación más formal y amistosa de usted y sus servicios.

LinkedIn le permite hacer una lista de todas sus habilidades relevantes, lo que permite a sus potenciales seguidores ver de lo que es capaz de crear o hacer en su negocio. Es una buena idea llenar todas las habilidades relevantes para el trabajo que usted hace para que, si alguien tropieza con su página y quiere revisar su perfil antes de contactar con usted, puedan obtener mucha información sobre si usted está o no cualificado para trabajar con ellos.

Creando sus redes

Lo siguiente que necesita hacer en LinkedIn es construir su red, lo que le permitirá comenzar a establecer conexiones significativas y a usar la plataforma para construir su red. Cuando usted se registra por primera vez, LinkedIn le recomendará conexiones en su industria que pueden ser relevantes o positivas para usted. Sin embargo, es importante que usted vaya más allá de estas conexiones iniciales y empiece intencionalmente a conectarse con más gente. Puede empezar por seguir cinco hashtags relevantes en su perfil y luego comentar y participar en las publicaciones que surjan con estos hashtags. De esta manera, puede empezar a crear inmediatamente puntos de conexión genuinos con las personas con las que desea comunicarse en la plataforma.

También puede hacer crecer su red siguiendo a los líderes e influencers de la industria y compartiendo contenido relevante en su inicio. Asegúrese de que usted está construyendo una línea de tiempo que la gente de su industria estaría interesada en ver para que, cuando lleguen a su perfil, puedan decidir rápidamente si usted estaría interesado en participar o no. Cuando la gente comente sus mensajes o responda a sus comentarios en cualquier otra parte de la plataforma, asegúrese de que está respondiendo para poder empezar a construir relaciones. Como la mayoría de las plataformas de medios sociales, usted construirá la red más grande y productiva al comprometerse con la gente y buscar establecer conexiones valiosas en lugar de construir sus números y nunca tomarse el tiempo para crear relaciones con sus seguidores.

Interactuando con la plataforma

Hay tres maneras de participar en LinkedIn: compartiendo actualizaciones, comentando las actualizaciones de otras personas y enviando mensajes directos a los usuarios. Cuando se conecta con la gente y se involucra, asegúrese de que cada pieza de contenido que comparte sea auténtica y significativa para evitar que parezca spam o inauténtica. Lea las entradas y comente a cambio sobre su opinión única o su creencia genuina. Establezca la intención de iniciar conversaciones o conexiones a través de sus comentarios. No pierda su tiempo comentando cosas sin sentido en los posts, ya que esto solo resultará en que pueda construir posibles números, pero nunca en crear conexiones significativas que puedan convertirse o volverse productivas para usted o para su conexión de alguna manera.

Al crear contenido, sepa que LinkedIn prefiere el contenido de formato largo que ha sido escrito con la intención de iniciar conversaciones. Cuando la gente hace comentarios y participa en su conversación, responda a los comentarios y mantenga una conversación significativa con ellos para construir una relación y comenzar a aprender más acerca de las personas en su red. Esta no solo es una buena manera de crear conexiones profundas, sino que también le permite comenzar a aprender más sobre su industria y descubrir cómo puede compartir contenido más relevante con sus seguidores. Este tipo de relaciones y conexiones son excelentes para la investigación de mercado, permitiéndole tener una clara comprensión de lo que su audiencia desea y cómo puede servirles de una manera más poderosa.

Capítulo 16: Comercializando su marca

En LinkedIn, hay varias maneras de comercializar su marca y empezar a trabajar constantemente para lograr los objetivos de las redes sociales que usted mismo se ha propuesto. En este capítulo, usted va a aprender cuatro maneras en las que puede empezar a comercializar su marca en LinkedIn para que pueda empezar a construir reconocimiento de marca, y la gente pueda encontrarle e interactuar con usted de forma regular.

Noticias de la compañía

Una gran manera de empezar a compartir en LinkedIn es compartir noticias de la compañía en la plataforma para que la gente pueda seguir el crecimiento que su empresa está experimentando. Si aloja un blog en su sitio web, puede compartir sus entradas de blog con extractos en la plataforma como una forma de comenzar a ofrecer contenido atractivo sobre su empresa para que la gente lo lea y lo siga. Si no lo hace, siempre puede escribir sobre las noticias directamente en actualizaciones para que la gente las lea, permitiéndoles comenzar a seguir el desarrollo de la historia de su marca.

Compartir noticias de la compañía en línea no solo es una gran manera de mantener a la gente comprometida e interesada, sino que también ayuda a la gente a sentirse como si fueran una parte íntima de su marca en general. Recuerde, a sus seguidores les encanta sentir que están estableciendo relaciones genuinas y significativas con su marca, ya que esto les permite sentir que son exclusivos y parte de su "club secreto". Cuando usted comparte noticias de la compañía con su audiencia de LinkedIn, les ayuda a sentirse como si estuvieran al tanto de la información especial y los mantiene sintiéndose cerca y conectados con su marca. Cuando las personas comienzan a establecer esta conexión más cercana, empiezan a sentirse como si estuvieran invirtiendo en su marca, lo que les anima a seguir prestando atención y a seguir su historia.

No tenga miedo de compartir todas las noticias de la compañía con sus seguidores de LinkedIn. Si lanzó un nuevo episodio de podcast, contrató a un nuevo empleado, abrió una nueva ubicación o asistió a una reunión para poner algo en acción, compártalo en la plataforma. Incluso si usted está organizando una venta, un especial, o está pensando en introducir un nuevo servicio o producto, publique información sobre ello en LinkedIn. Cuanto más atraiga a la gente a la experiencia de su marca, más atención y cuidado prestarán a lo que usted está publicando.

Compartir contenido relevante

Dado que es probable que no desee compartir noticias de la empresa en exclusiva, también querrá asegurarse de que comparte contenido relevante en su plataforma. Cada vez que comparta los mensajes de otra persona o actualice algo en su plataforma, asegúrese de que está compartiendo contenido que sea relevante para su audiencia y su marca. Evite compartir cosas solo porque están de moda, ya que esto hará que usted tenga una plataforma que realmente no tiene sentido para su audiencia. Cuando la gente se desplaza por su perfil o la página de su negocio, deben saber exactamente de qué se trata su marca y qué imagen utiliza tan pronto como se desplaza. Si su imagen, vibración o mensaje general no es claro, debe concentrarse en cambiar su estrategia para asegurarse de que todo lo que comparte se suma a su presencia general en LinkedIn y ayuda a la gente a descubrir exactamente quién es su empresa y por qué deben prestarle atención.

Publicaciones de patrocinio

LinkedIn ofrece la oportunidad de compartir los posts patrocinados. Esto le permite impulsar su marca en el tiempo de las personas y aumentar sus posibilidades de ser visto por sus seguidores existentes y por personas que aún no han tenido la oportunidad de conectar con su marca. El uso de mensajes patrocinados en LinkedIn es una gran manera de empezar a hacer crecer su empresa aún más, ya que le ayuda a tener un mayor alcance y crear más atracción con los mensajes que patrocina. Puede crear mensajes patrocinados en LinkedIn entrando en la configuración de su página y pulsando "Crear Contenido Patrocinado" que le llevará al gestor de campañas de LinkedIn. A partir de ahí, usted puede seguir la guía de LinkedIn en la creación de mensajes patrocinados por feeds directos que tengan una audiencia específica o crear mensajes de feeds que tengan una audiencia más amplia y se conecten con más personas que pueden o no ser directamente parte de su audiencia objetivo.

Seguimiento de análisis

Aunque el seguimiento analítico no es una forma de comercializar directamente con la audiencia, le da la oportunidad de ver a qué le gusta prestar atención a su audiencia para que pueda empezar a proporcionarles contenido más relevante. Puede realizar un seguimiento de sus análisis en LinkedIn utilizando el gestor de análisis integrado de la plataforma que está disponible para todas las páginas de la empresa y de la marca. Allí, usted verá qué contenido está recibiendo la mayor atención basándose en quién lo está viendo, cuántas personas lo están viendo, cuánta gente está interactuando con él y de qué manera lo está haciendo.

Idealmente, usted debe crear más contenido que esté alineado con el contenido con el que ya se está involucrando y menos contenido que se alinee con cosas que no han recibido mucha participación en absoluto. Cuanto más alinee sus mensajes con lo que su audiencia le está diciendo indirectamente que quiere ver más, más atención obtendrá y más grande y relevante será su presencia. Vale la pena invertir su tiempo en la creación de contenido más relevante en LinkedIn, así que no tenga miedo de ver esto como una estrategia de marketing significativa y dedicar tiempo para prestar atención a su análisis cada semana. Cuanta más atención preste, más fácil le resultará dirigir su contenido hacia su audiencia y crecer.

Sección 6: Pinterest

Capítulo 17: Estadísticas de Pinterest y tendencias

Pinterest es un popular motor de búsqueda basado en fotos que permite a la gente compartir contenido y hacer que se vea en los próximos años. La vida útil del pin medio es mucho más larga que la de los posts de la mayoría de plataformas, lo que hace que esta sea una excelente estrategia a largo plazo para marcas de todas las variedades. El sector más popular que está creciendo rápidamente en Pinterest incluiría a los bloggers que comparten enlaces por cada nuevo post que han creado en su plataforma para aumentar su compromiso y que los vean más individuos. Sin embargo, Pinterest ha sido utilizado por muchas otras marcas para impulsar el compromiso y el crecimiento, desde tiendas minoristas hasta individuos basados en servicios que venden sus prestaciones en el espacio en línea. La mayoría de las personas que están en línea pueden utilizar Pinterest para atraer más atención hacia su negocio, lo que hace de esta una plataforma popular para personas de una variedad de industrias y sectores diferentes.

¿Quién le saca el mayor provecho a Pinterest?

Pinterest es mejor utilizado por las marcas de estilo de vida que buscan utilizar el marketing visual como una forma de promocionar el aspecto de su marca e invitar a más gente a unirse a su público. También es una gran plataforma para cualquiera que tenga información interesante o convincente que compartir y que quiera compartirla a través de fotografías. Los dos tipos más comunes de pines que se pueden re-pinar son los que enseñan algo o los que inspiran algo en las personas que miran las fotografías. Si tiene una marca en la que tiene información interesante y educativa para compartir con otros, o si tiene una marca en la que tiene información inspiradora para compartir con otros, crear una presencia en Pinterest es una gran manera de mostrar sus conocimientos o inspirar a su audiencia.

En 2018, Pinterest tenía 250 millones de usuarios activos mensualmente. Dos millones de usuarios estaban ahorrando pines relacionados con las compras en sus tarjetas todos los días, lo que significa que se trata de una potente plataforma para que sus productos y servicios lleguen directamente a las audiencias que están listas para consumirlos. Pinterest tiene una audiencia muy específica. El 81% de los usuarios que están activos en Pinterest son mujeres y la mayoría de estos usuarios son millennials que están usando los pines para inspirarse o educarse. La edad media de los usuarios de Pinterest es de 40 años, aunque más de la mitad de los usuarios de la plataforma son menores de 40 años. Si usted está buscando apuntar a mujeres millennials como parte de la audiencia de su marca, Pinterest es una excelente plataforma.

¿Quién debería evitar Pinterest?

Si usted tiene una audiencia que es principalmente masculina o que no busca ser inspirada o educada, lo más probable es que Pinterest no sea el lugar para usted. Además, si no tiene un blog o algún tipo de contenido con el que pueda enlazar regularmente a la gente, es posible que Pinterest no sea un lugar efectivo para promocionar su marca. Aunque la vida útil de un Pin es significativamente mayor que la vida útil de los posts en otras plataformas, la creación de contenido en Pinterest necesita ser algo consistente para que su perfil pueda ser visto sobre los demás y sus Pins puedan ser clasificados más altos que los otros pins de la plataforma.

Capítulo 18: Creando una estrategia para Pinterest

Si ha decidido que Pinterest es la plataforma adecuada para usted, hay una estrategia sencilla que puede utilizar para sacar el máximo provecho de la plataforma. Esto incluye el diseño de imágenes de alta calidad de Pinterest, la carga de los Pins con la información adecuada, y la creación de paneles relevantes que la gente puede recorrer, seguir o repasar. En este capítulo, aprenderá cómo puede crear una estrategia de Pinterest simple y efectiva que le ayudará a empezar a hacer crecer una audiencia poderosa en la plataforma de inmediato.

Diseñando las imágenes de sus Pins

Lo primero a lo que debe prestar atención es al diseño de imágenes Pinterest de alta calidad, ya que la gente que está en la plataforma quiere ver contenido de alta calidad y magnetizante. Hay algunas formas de crear gráficos de alta calidad para Pinterest, utilizando plataformas como WordSwag, Photoshop o Canva. También puede considerar contratar a un diseñador gráfico para que cree sus gráficos de Pinterest si no está particularmente inclinado al diseño. Lo único que debe asegurarse es que todos sus gráficos contengan los colores de su marca, un propósito claro y el logotipo o nombre de su marca en algún lugar. Ya que sus pines serán re-pinteados, usted quiere asegurarse de que está aprovechando la oportunidad de construir su conciencia de marca y ser visto por aquellos que están buscando información como la suya.

Si realmente quiere aumentar sus posibilidades de ser re-pinteado por su audiencia, podría considerar diseñar pines que se ajusten a 2-3 esquemas de color y diseños diferentes para cada post que realice. Algunos de sus seguidores pueden tener ciertas imágenes que les gustan o pueden querer diseñar sus tablas para que tengan una apariencia particular. Por lo tanto, la creación de unos cuantos pines diferentes que ellos puedan elegir es una gran manera de atender a más de su público objetivo. Si aloja un blog, puede buscar herramientas para ocultar estas imágenes dentro de su blog de modo que las imágenes adicionales no se puedan ver cuando la gente lea la entrada real, pero que se puedan ver cuando la gente vaya a fijar las imágenes en sus foros de interés.

Montando sus Pins

Una vez que haya diseñado sus pins, tendrá que cargarlos en su cuenta de Pinterest para que los usuarios de Pinterest puedan encontrarlos. Para hacer esto, simplemente vaya a su cuenta, toque el signo más y haga clic en "Agregar nuevo Pin". A continuación, puede añadir el enlace a la página web que desea anclar, elegir la imagen que desea cargar en Pinterest y guardar ese pin en una de sus placas.

Además de subir la imagen y el sitio web en sí, tiene la oportunidad de crear una descripción del pin y añadir algunas etiquetas que ayudan a categorizar el pin en búsquedas relevantes. Asegúrese de crear una descripción clara y pegadiza que anime a la gente a prestar atención y hacer clic en el pin que ha creado. También puede darle seguimiento con el nombre de su marca al final en un formato de estilo de firma para que cuando la gente vea el broche y lea la descripción, también vean el nombre de su marca. De esta manera, si miran el nombre de la marca en la imagen, la ven en la descripción, lo que ayuda a anclar aún más el reconocimiento de la marca entre sus seguidores.

Si no está seguro de qué palabras clave utilizar, puede considerar la posibilidad de utilizar una herramienta de búsqueda de palabras clave como Google Keywords o simplemente ir a la barra de búsqueda de Pinterest y escribir una palabra que sea relevante para su nicho o Pin y ver qué búsquedas populares se muestran. Debe asegurarse de que está usando palabras clave que reflejen con precisión lo que está compartiendo y lo que la gente puede ganar con sus Pins.

Si comparte algo irrelevante o lo clasifica usando una etiqueta que no refleja directamente lo que ha compartido, su pin podría ser marcado. Si le marcan demasiadas veces, es posible que tus pines sean eliminados de los resultados de la búsqueda o que su cuenta sea eliminada por completo, ya que Pinterest puede llegar a pensar que está enviando spam a la cuenta. Por esa razón, sea muy claro e intencional sobre las etiquetas que utiliza en la plataforma.

Creando su Pinboard

Los Pinboards son una oportunidad para que usted comparta pines similares en una categoría en la que usted y cualquier persona que le siga pueden encontrar fácilmente estos pines. Como marca, usted quiere aprovechar los Pinboards creando material relevante para su propia marca y actualizándolos regularmente con contenido relevante para su audiencia. Asegúrese de que sus foros sean específicos y de que solo comparta los pines relevantes para que la gente que siga sus foros pueda ver solo el contenido que más le interese. Por ejemplo, si usted es chef y tiene un blog de comida, cree pizarras tituladas "Recetas fáciles para el almuerzo" o "Recetas de postres Gourmet". De esta manera, la gente sabe exactamente qué esperar de cada foro y puede seguir los que comparten contenido relevante para sus intereses.

La creación de foros relevantes no solo es una gran oportunidad para categorizar su contenido, sino que también le permite promocionarse a sí mismo. Cuando la gente llega a su perfil y ve exactamente los títulos de sus foros, pueden descubrir rápidamente a qué áreas de su nicho le presta atención y le sirve más, lo que permite a los seguidores potenciales decidir rápidamente si son parte de su público objetivo o no.

Capítulo 19: Siendo re-pinteado

Ser re-pinteado en Pinterest no es terriblemente difícil, aunque se necesita práctica para encontrar la zancada y desarrollar regularmente el contenido que le va a hacer ver y compartir entre su público objetivo. Es importante que siempre preste atención y se concentre en ser re-pinteado, ya que así es como llega más lejos y se mantiene más relevante en la plataforma para que pueda crecer continuamente. Recuerde, muchos bloggers y creadores de contenido afirman que Pinterest es su plataforma número uno para canalizar a la mayoría de sus visitantes a su sitio web, por lo que, si se utiliza correctamente, esta plataforma puede tener un gran impacto en el aumento de la notoriedad de su marca y en la conversión de la misma.

Comparta sus Pins en otro lugar

Una buena manera de aumentar su visibilidad en Pinterest es que le vean en otras plataformas compartiendo sus gráficos y mensajes de Pinterest allí. Cuanto más comparta sus mensajes o contenido que también esté vinculado a Pinterest, mayores serán sus posibilidades de ser encontrado. Por lo tanto, si escribe una entrada de blog y tiene gráficos listos para Pinteresados incorporados en la entrada del blog, cuanto más compartas esa entrada en otras plataformas, más probable será que se vea y más probable será que esas imágenes sean etiquetadas en los tableros de Pinterest de sus lectores.

También puede sugerir que la gente fije su contenido en Pinterest compartiendo los mensajes con los gráficos apropiados y diciendo cosas como "OMG, estos trajes son tan lindos, ¡fija tus favoritos para más tarde!" Esto permite a la gente saber que sus gráficos están listos para Pinterest y que ya están pensando en usar Pinterest para etiquetar su mensaje cuando empiecen a leerlo. De esta manera, es más probable que se aprovechen de fijar sus mensajes o de aprovechar sus insignias de interés desde el momento en que empiezan a leer su mensaje.

Cuando comparta en otras plataformas, también puede crear gráficos que incluyan un pequeño logotipo de Pinterest en la esquina de esos gráficos. Por lo tanto, si crea contenido que está compartiendo en la red, puede añadir un pequeño logotipo de Pinterest a la esquina de su gráfico para que cuando la gente le vea compartirlo, por ejemplo, en Facebook, ya sepan que pueden seguir adelante y fijarlo también. Estas son excelentes formas de mostrar a la gente que está en Pinterest y animarles a que lean su mensaje y luego lo coloquen o vayan directamente a su perfil de Pinterest y vean qué más tiene que ofrecer.

Algunas personas darán un paso más allá y añadirán su nombre de usuario de Pinterest a sus tarjetas de visita y otros materiales de marketing fuera de línea. Esta es una excelente manera de hacer saber a sus conexiones fuera de línea que usted está en Pinterest para que puedan empezar a conectarse con usted en línea y navegar por todos los grandes Pins que tiene que ofrecer. El equivalente en línea de esto también sería añadir su gestor de Pinterest a sus correos electrónicos si envía boletines de noticias por correo electrónico o incluso incrustar gráficos listos para Pinterest en sus correos electrónicos para que cuando la gente reciba sus boletines de noticias por correo electrónico, puedan ir directamente a su página de Pinterest.

Otra gran manera de que puedan encontrarnos en Pinterest es unirse a grupos específicos de Pinterest en Facebook, ya que muchos bloggers y creadores de contenido se reúnen en grupos para aumentar el contenido de cada uno de ellos al gustar y re-pintear imágenes. Puede unirse a estos grupos y empezar a colaborar y conectarse con otros usuarios de Pinterest. En ese proceso usted puede aprender más acerca de Pinterest al mismo tiempo que publicita su marca y dirige más ojos hacia su perfil.

Haga uso de las insignias de Pinterest

Las insignias de Pinterest son insignias que se pueden colocar en Internet para animar a la gente a entrar en su perfil. El estilo de insignia más común es el que aparece sobre las imágenes cuando la gente se desplaza por su blog para que puedan fácilmente tocar la insignia y fijar cualquier gráfico de esa página en particular en su sitio web en sus Pinboards de Pinterest. Se pueden utilizar varios plugins para crear gráficos con Pins en su blog, por lo que es posible que necesite ver lo que está disponible en su plataforma de alojamiento de blogs para crear las insignias de Pinterest. Los plugins de la insignia de Interés Común incluyen: Insignia de Interés, Pin It on Pinterest, Pinterest for Galleries y Pinterest Block.

Además de colocar insignias en sus imágenes reales, también puede crear insignias de Pinterest en otro lugar de su sitio web y en Internet. Si bloguea, puede hacer que las entradas tengan su propio botón "Compartir en Pinterest" para que la gente que quiera mantener su entrada disponible para volver a visitarla pueda compartirla fácilmente en Pinterest. También puede añadir una función de compartición similar junto a productos, servicios, presupuestos o cualquier otra cosa en su sitio web que le apetezca poner a disposición en Pinterest para que la gente pueda encontrarle. También puede incrustar las pestañas "Compartir en Pinterest" en los boletines de noticias por correo electrónico. Además de incrustar imágenes pinnable en sus correos electrónicos como se sugirió anteriormente, puede compartir una insignia de Pinterest independiente real en su correo electrónico para que la gente pueda guardar su contenido.

Haga que su perfil sea atractivo

La gente de Pinterest está buscando perfiles estéticamente atractivos que seguir y pines para re-pintear, ya que se sienten muy atraídos por todo lo visualmente atractivo. Si quiere aumentar la atención que gana en la plataforma, haga que su perfil sea más atractivo. Piense cuidadosamente cuando ponga cosas en sus boards, ya sean los suyos o los de otra persona, ya que no quieres tener boards llenos de gráficos que no tienen sentido juntos. Cree una imagen de marca asegurándose de que todo fluye bien y cree una sinergia entre todos sus mensajes. De esta manera, sus tablas se verán atractivas desde el punto de vista estético.

También tiene que ser muy cuidadoso con la creación de los gráficos de Pinterest, ya que quiere asegurarse de que cada uno de los gráficos que comparte sea de alta calidad y llamativo. No use exactamente la misma plantilla e imagen en cada uno de los gráficos de Pinterest, ya que esto no se verá atractivo y hará que sus tablas se vean bastante aburridas. En su lugar, utilice diferentes plantillas y tarjetas de diseño que fluyan bien juntas sin parecer una imagen repetida que se comparte varias veces, de modo que es más probable que la gente preste más atención a sus nuevos pins y gráficos, ya que se ven únicos y atractivos.

Además de hacer que los gráficos de sus pines se vean atractivos, asegúrese de usar una imagen de perfil atractiva y de completar su perfil con una descripción que explique claramente quién es y qué comparte. Completando su perfil de esta manera se asegurará de que cualquiera que considere seguirle pueda decir inmediatamente si usted es o no alguien a quien le interesa seguir en línea.

Mantenga su perfil activo

Por último, si quiere que sus pines se encuentren, debe mantener activo su perfil de Pinterest. Recuerde, Pinterest es un motor de búsqueda, lo que significa que su perfil y sus pines deben permanecer activamente reaccionando para poder estar en los primeros puestos de los listados de búsqueda. Cuanto más activo sea su perfil y con más frecuencia se vuelvan a insertar sus mensajes, más probable será que los usuarios de Pinterest lo encuentren y le sigan o etiqueten sus pines en sus propios foros. A medida que esto suceda, Pinterest verá su perfil como activo e interesante, lo que animará a la plataforma a potenciar sus fotos en los resultados de búsqueda y a aumentar sus posibilidades de ser encontrado.

Los expertos en Pinterest sugieren fijar al menos cinco nuevos puestos al día, aunque no sean los suyos, a las juntas públicas que también muestran un alto número de sus propias juntas. Cuanto más haga esto, más ojos atraerá hacia su perfil y más posibilidades tendrá de que sus propios mensajes sean compartidos. No inunde sus tablas con los pins de otras personas porque esto hará que las suyas sean menos visibles, minimizando así sus posibilidades de ser encontrado. Si quiere mantener una mezcla saludable, considere la posibilidad de fijar sus propios mensajes varias veces durante varios días con diferentes imágenes, además de fijar los mensajes que otras personas están compartiendo. De esta manera, usted está aumentando sus posibilidades de ser encontrado, apelando a un mayor número de preferencias estéticas, y manteniendo su perfil activo y relevante.

Mantenerse activo en su perfil es tan importante como mantenerse activo fuera de su perfil para que pueda continuar creando más contenido para llevar a la gente a su plataforma. Debería estar publicando entradas en blogs, nuevos productos o al menos nuevas fotos de productos, y nuevo contenido en otras partes de la red diariamente para tener más contenido al que enlazar en su página de Pinterest.

Debe centrarse regularmente en atraer a personas de otras plataformas e introducirlas en su perfil de Pinterest para que su página crezca constantemente. Cuanta más atención pueda dirigir hacia su plataforma, más probable es que le encuentren y haga crecer su presencia en Pinterest para que pueda empezar a clasificarse más alto y crear más interacciones a través de la plataforma.

Sección 7: Twitter

Capítulo 20: Estadísticas de Twitter y tendencias

Twitter es una plataforma que con frecuencia se ha encontrado en la lista de "muertos" de expertos autoproclamados, que intentan declarar que cada año será el año en que la gente abandone oficialmente el uso de Twitter. Por supuesto, como ya sabe, ninguna plataforma de medios sociales está realmente lista para desaparecer en un futuro cercano, ni siquiera Twitter. De hecho, esta plataforma es masiva y parece seguir creciendo en popularidad a medida que más gente empieza a entender cómo funciona y se une a las conversaciones locales y globales que se comparten en esta plataforma.

Además, Twitter tiene una tasa de conversión increíblemente alta para las personas que están en la plataforma promocionando sus marcas. Tal y como verá en este capítulo, Twitter está lejos de llegar a ninguna parte en un futuro cercano. En realidad, puede servir como una poderosa plataforma de marca para las empresas que comparten un grupo demográfico similar al que más frecuenta Twitter.

¿Quién está usando Twitter?

Twitter está entrando en su decimotercer año en línea, y todavía cuenta con más de 326 millones de usuarios activos mensualmente. Estos usuarios comparten un promedio combinado de 500 millones de tweets por día, cada uno de los cuales participa en conversaciones que se basan en el compromiso, el entretenimiento, la política y otras materias importantes o divertidas. Twitter es una plataforma principalmente móvil, con alrededor del 80% de las personas que utilizan Twitter exclusivamente en móviles, en contraposición a la versión de navegador del sitio, lo que la convierte en una gran herramienta para cualquier empresa que se dirija a usuarios móviles. Dado que los usuarios móviles crean la gran mayoría de la población comercial en estos días, esta es definitivamente una estadística positiva para cualquier marca a considerar cuando se trata de generar una presencia en los medios de comunicación social en línea.

La proporción de mujeres y hombres en Twitter es bastante equilibrada, con un 21% de todas las usuarias de Internet en Twitter y un 24% de todos los usuarios de Internet masculinos en Twitter. Del gran número de personas en Twitter, más del 45% de ellas visitan la plataforma diariamente para mantenerse al día de los eventos locales o de su red compartiendo tweets y volviendo a twittear a los que les interesan.

La mayor parte de la población de Twitter tiene entre 18 y 29 años de edad, ya que representan alrededor del 37% de todos los usuarios de Twitter. El siguiente segmento más popular de la plataforma incluye a los usuarios de entre 30 y 49 años de edad, que representan el 25% de los usuarios totales. Twitter también tiene la mayor proporción de personas que llegan a los perfiles y hacen clic en los enlaces de estos perfiles para que puedan ver qué otro contenido se comparte en línea. Como pequeña empresa, esto hace que el uso de Twitter sea una excelente manera de aumentar sus niveles de interacción.

¿Quién NO debería estar en Twitter?

A diferencia de otras plataformas que suelen ser sencillas, Twitter tiende a tener una curva de aprendizaje más compleja que otras plataformas. Mientras que puede hacer crecer a sus seguidores relativamente rápido en esta plataforma, aprender a participar de manera efectiva en grandes conversaciones y mantenerse relevante en la plataforma puede ser todo un reto. Si usted no está preparado para hacer el esfuerzo de aprender a usar esta plataforma, entrar en Twitter puede no ser la mejor opción en este momento, ya que realmente querrá invertir el tiempo en la creación de esa atracción temprana.

Aparte de la curva de aprendizaje más compleja, la mayoría de las empresas o marcas se beneficiarán de la creación de algún tipo de presencia en Twitter. No solo es una plataforma poderosa para crear conversiones y excelente para ponerse en contacto con su audiencia, sino que también ofrece líneas de servicio al cliente únicas integradas en el sistema, así como la oportunidad de mantenerse alerta sobre lo que está de moda cada día. Si usted es una marca que se nutre de la conexión social y de las últimas tendencias, sin duda debería considerar el desarrollo de alguna forma de presencia en Twitter.

Capítulo 21: Creando una estrategia en Twitter

La creación de una estrategia en Twitter comienza con la comprensión de cómo navegar realmente por la plataforma para que pueda empezar a involucrarse con las personas que son relevantes para su área de trabajo. Sin entender completamente cómo implicarse en la conversación y desarrollar conexiones significativas, usted va a luchar para generar cualquier tipo de atracción en este sitio web. En este capítulo, usted va a aprender acerca de cómo puede crear una estrategia de Twitter sólida como una roca para que pueda empezar a crear conversiones de negocios en esta plataforma de inmediato.

Creando su perfil

El primer paso para crear una estrategia sólida es tener el perfil adecuado que le respalde. Dado que Twitter se conoce por ser una plataforma en la que un promedio de hasta el 80% de las personas que llegan a su página hacen clic en su enlace, es importante que su perfil proporcione a la gente una razón para hacer clic y visitar su sitio web. Puede hacerlo asegurándose de que su perfil se vea atractivo y ofrezca toda la información que la gente necesita saber sobre su negocio de inmediato.

Cuando se registre por primera vez en su cuenta de Twitter, se le pedirá que elija una foto de perfil. Tendrá que hacer clic en el enlace del editor para cambiar su imagen de portada, actualizar su nombre de usuario, crear su descripción y añadir su enlace a su biografía. Puede hacerlo yendo a su cuenta y tocando "editar".

Lo primero que querrá hacer es cambiar su nombre de usuario, ya que Twitter tendrá el suyo configurado, que habría sido generado automáticamente y que probablemente no tenga sentido para usted ni para su marca. En Twitter, su nombre de usuario solo puede tener 15 caracteres, así que, si el nombre de su marca es más largo, necesitará encontrar una forma de acortarlo sin que sea confuso, difícil de recordar o de deletrear.

A continuación, debe realizar una actualización de su descripción para incluir una introducción sencilla sobre lo que es su marca y lo que ofrece. Esto debe ser atractivo e interesante para que la gente pueda conectar inmediatamente con usted y su imagen y decidir si quieren seguirle o no o hacer clic en el enlace que usted también le proporcionará. Puede proporcionar el enlace en la misma página en la que ha actualizado la biografía en su página.

El ingrediente clave de Twitter

Twitter es una herramienta poderosa, pero hay un gran error que la mayoría de las marcas cometen al entrar en Twitter que destruye sus posibilidades de generar cualquier tipo de atracción o de construir una presencia que los ayude a cumplir sus logros en el mercadeo de las redes sociales. Cada plataforma de medios sociales prospera en primer lugar en la conexión social y en segundo lugar en las interacciones basadas en la conversión, pero esto es especialmente cierto para Twitter. A pesar de ser una de las plataformas más efectivas para convertir a las personas en clientes de pago, si no se utiliza de manera efectiva, la gente no querrá comprometerse con su marca porque creerá que la única razón por la que usted está en la plataforma es para explotarlas con su contenido de ventas. En los medios sociales, la gente quiere construir relaciones significativas con las marcas a las que se proponen hacer compras, especialmente en Twitter, donde toda la plataforma se construye en torno al intercambio de conversaciones globales sobre temas de tendencias.

Desafortunadamente, la mayoría de los negocios entran en Twitter y parecen construir una presencia de avaricia en lugar de una presencia de valor. Esto hace que su público objetivo los ignore y que la marca no logre una presencia destacada en la plataforma. Si alguien encuentra sus Tweets y descubre que su página está llena de argumentos de venta y contenido de marketing y carece de un compromiso genuino entre usted y su audiencia, simplemente no van a hacer clic en ella.

Las marcas que se establecen en Twitter de esta manera se presentan como egoístas, codiciosas y desinteresadas en proporcionar un valor genuino a su audiencia. En un mundo donde la prueba social es esencial, este tipo de imagen demuestra que su marca probablemente no está demasiado preocupada por crear productos o servicios de calidad para su audiencia, lo que les lleva a no confiar en usted o en lo que usted tiene para ofrecer.

Si desea desarrollar confianza, primero debe centrarse en proporcionar valor y construir relaciones, y luego crear las ofertas para trabajar con usted o comprar sus productos en segundo lugar. Cuanto más se concentre en construir en alineación con este nivel de integridad, más exitosa será su presencia en Twitter. A medida que su presencia se hace más poderosa, comenzará a obtener más ratios de conversión positivos de su presencia, lo que le facilitará aún más la generación de clientes de pago a través de esta plataforma. Todo comienza con una conexión, que es el ingrediente clave en Twitter.

Compartiendo Tweets

Los tweets son la forma de compartir contenido en Twitter. Los tweets son como actualizaciones de estado, donde puede compartir contenido interesante, enlaces, vídeos o imágenes. Hay dos tipos de

Tweets que puede compartir: los que creó usted mismo o los que está compartiendo o reenviando desde el perfil de otra persona. Ambas actividades son excelentes para estimular las interacciones y hacer crecer su cuenta en Twitter. Estas no son las únicas dos cosas que se mostrarán en su perfil para que todos las vean.

Además de poder ver lo que twittea o retwittea, sus seguidores también pueden ver todo lo que comenta a otras personas, lo que significa que es más fácil para aquellos que están interesados en usted o que le siguen para entablar conversaciones globales con usted. Necesita estar dispuesto a reconocer que esta característica también le hace responsable en la plataforma, ya que todo lo que comparte puede ser visto por todos los que le siguen o visitan la plataforma.

Por supuesto, usted siempre quiere comportarse de una manera que le represente a usted y a su empresa profesionalmente y que le apoye en el crecimiento de su marca, pero necesita ser extra cauteloso en Twitter, ya que todo lo que comente construye la imagen de lo que es usted. Esto significa que, si se involucra regularmente con contenido controvertido, usted va a ser visto como una marca polémica y podría perder seguidores. Además, la reputación que construya en Twitter puede seguirle por toda la red, lo que significa que si la gente percibe que se comporta de forma conflictiva en Twitter, pueden dejar de seguirle en otro lugar para evitar ser asociados con su marca.

A medida que comparte las actualizaciones, las actualizaciones de retweets o los comentarios de otros usuarios, asegúrese de que está prestando atención a cómo encaja ese contenido en su imagen general y si es o no relevante para su marca. Recuerde, este es un perfil de negocio y usted necesita tratarlo como su plataforma de negocios, no como su plataforma personal. Manténgase profesional, participe en contenido relevante y solo comente, cree o comparta contenido que sea claramente relevante para su marca, de modo que todo lo que esté asociado con su perfil y que acabe en él sea relevante para usted y para los productos o servicios que ofrece como empresa.

Participando en las conversaciones

Participar en conversaciones en Twitter puede ser algo confuso, especialmente si no sabe cómo funcionan las conversaciones. Esencialmente, las conversaciones de Twitter existen en hilos largos donde una persona publica su pensamiento u opinión y todas las personas comentan y participan en una conversación de grupo. Lo que puede llegar a ser confuso es que varios subtemas pueden ocurrir en el feed de Twitter, causando así que usted esté involucrado en muchas conversaciones a la vez, incluso si usted está en un solo hilo.

Necesitará tomarse su tiempo y comenzar lentamente a participar en estas conversaciones para aprender cómo funcionan y para evitar ser atrapado en conversaciones de horas de duración o confundirse con lo que se está hablando. Por supuesto, las conversaciones largas y el amplio compromiso de esta manera son excelentes para establecer relaciones entre usted y su público, pero también puede ser confuso y difícil de mantener. Asegúrese de tomarse su tiempo y comenzar lentamente para no abrumarse en la plataforma y fijar su objetivo en el hecho de crear compromiso.

Necesita asegurarse de que las conversaciones en las que se está metiendo son relevantes en general, para evitar participar en conversaciones en las que nadie más está interesado. Cada día, Twitter actualiza su feed de "tendencias" para mostrarle los temas más actuales que existen en todo el mundo en la plataforma de Twitter. Si desea aumentar su presencia rápidamente, participar en estos temas de tendencias y de alguna manera hacerlos relevantes para su marca es una manera poderosa de ponerse en una posición relevante y que la gente quiera volver a su perfil.

Puede hacerlo participando en otros hilos sobre temas de tendencias o creando los suyos propios utilizando los hashtags que se consideran a la moda o relevantes en la plataforma cada día. Cuando lo haga, recuerde que la relevancia es importante, así que evite involucrarse en un tema que tiende a ser completamente irrelevante para su nicho, ya que esto le quitará la imagen general.

Por último, ser el iniciador de la conversación es siempre la mejor manera de crear un gran impacto en la plataforma, pero no todos y cada uno de los tweets que comparte van a desencadenar una conversación. Debe tratar de crear cada tweet con la intención de inspirar una conversación para asegurarse de que está creando una oportunidad para que comience una discusión. Nunca se sabe qué tweet va a ser el que le granjee atención por parte de la gente, así que asegúrese de que cada uno de ellos sea de alta calidad y atractivo.

Capítulo 22: Mercadeo en Twitter

Además de aprender a navegar por la plataforma y construir una estrategia de participación, también es necesario saber cómo se puede comercializar en Twitter. Lo crea o no, la plataforma de Twitter responde mejor a los mensajes de marketing siempre y cuando estén diseñados de una manera efectiva. Como se verá en este capítulo, en 2018 se realizó un estudio que demostró que las marcas de contenido más atractivas compartían de una forma u otra sus promociones, ofertas u oportunidades actuales de trabajar juntas. Si utiliza esta plataforma de manera efectiva, Twitter puede ser una herramienta poderosa para conectar con su audiencia y generar ventas.

Aprovechar la plataforma para búsqueda de mercado

Debido a la naturaleza de Twitter, es una plataforma poderosa cuando se trata de generar estudios de mercado y conectar con su audiencia. A través de las conversaciones, usted puede aprender acerca de lo que le importa a su audiencia, lo que les gusta y dónde están dispuestos a invertir su dinero. Cuanto más participe en la conversación, haga preguntas y preste atención a su público objetivo, más oportunidades tendrá para conectarse con la gente de la plataforma que puede ofrecerle información perspicaz sobre lo que están buscando en empresas como la suya. ¡Entonces, todo lo que necesita hacer es dirigir su marketing, productos y servicios hacia las solicitudes que está recibiendo!

Esta forma particular de investigación de mercado puede ser especialmente útil si usted está en el proceso de crear algo nuevo para su audiencia. Puede descubrir si será eficaz para satisfacer las necesidades de sus clientes basándose en lo que está leyendo en la plataforma. Puede utilizar fácilmente la información que obtenga a través de este estudio de mercado para ajustar sus ofertas, asegurarse de que sus productos o servicios ofrecen todo lo que la gente necesita, y contener información relevante en el contenido de marketing para atraer a los compradores adecuados. Si usted crea sus nuevos productos o servicios de esta manera, particularmente si combina la investigación de mercado que está obteniendo a través de todas las plataformas de medios sociales que está utilizando actualmente, puede garantizar que todas las ofertas se agotarán.

Creando una personalidad de marca

En Twitter, usted tiene una oportunidad única para darle a su marca una personalidad al participar en conversaciones de una manera que represente quién y qué es su marca. En el pasado, las marcas eran simplemente imágenes utilizadas para representar a un equipo de personas que se reunían para diseñar una empresa y eran bastante frías y sin vida. Más recientemente, las marcas pueden tener su propia voz y personalidad al participar en conversaciones como las de Twitter.

Todo, desde la forma en que habla hasta lo que dice y cómo lo dice, contribuirá a la personalidad que está construyendo para su marca, lo que aumenta el interés de su audiencia en crear una relación con su marca. A través de esto, sus fans empiezan a comportarse como si fuera su amigo, en lugar de ser una empresa dirigida por un equipo de empleados. Este tipo de comportamiento construye relaciones significativas entre usted y su audiencia, que los deja sintiéndose comprometidos con la relación que usted comparte, lo que les hace generar un sentido de lealtad y conexión con su marca.

Dese cuenta de que cada cosa que comparte tiene la capacidad de exponer la personalidad de su marca, por lo que necesita mantenerlo todo consistente. No quiere promover una personalidad en un hilo y otra en otro lugar o tener una personalidad en una plataforma y otra diferente. En todas partes donde comparta su marca, debe usar la misma personalidad para asegurarse de que permanezca consistente, reconocible y relacionable en todos los lugares donde pase tiempo en línea. Si tiene un equipo de personas que le apoyan en la creación de su presencia en las redes sociales, asegúrese de que todos los que participan en la publicación sepan cuál es su imagen y cómo ampliarla para que cada mensaje individual contribuya a la personalidad de su marca, en lugar de quitarla.

Sepa qué contenido genera interacciones

Puede que le sorprenda saber qué tipo de contenido es más conocido por participar en Twitter, especialmente cuando se trata de marcas. Mientras que el compromiso social es el número uno en la plataforma, el tipo de contenido que se utiliza con frecuencia cuando se trata de marcas en Twitter es, en realidad, contenido basado en marketing. Un estudio realizado en 2018 demostró que había ocho tipos diferentes de compromiso que las marcas ofrecían que incitarían a los consumidores a comprar hasta cierto punto y que, de estos ocho comportamientos, los que eran directos y auténticos eran los más receptivos. Si usted está en Twitter construyendo su marca, participar en estos comportamientos con el fin de promover su marca es una gran manera de asegurarse de que usted está siendo visto y la creación de conversiones eficaces en la plataforma.

El principal comportamiento que impulsó a la gente a comprar de una empresa fue la capacidad de respuesta, ya que las personas que estaban interesadas en colaborar con la empresa sentían un mayor sentido de conexión y respeto por las marcas que eran altamente receptivas. Cuanto más twittee a la gente, retwittee los mensajes de la gente cuando son relevantes para su marca, y responda a cualquier pregunta o chats entrantes que puedan surgir en su camino, más se considerará que su marca es digna de confianza e interesante. Como resultado de su mayor capacidad de respuesta e interacciones personalizadas, es probable que más personas compren sus productos o servicios.

El segundo tipo de contenido de mayor rendimiento promueve directamente un producto o servicio que usted tiene disponible. Cuando la gente disfruta siguiéndole y le gusta el contenido que produce, es más probable que respondan a promociones directas que les piden que revisen su oferta o venta reciente. Usted necesita construir una presencia y establecer confianza y conexión primero para asegurar que este tipo de mensajes sean vistos y valorados por la gente de su audiencia.

Después de estos dos comportamientos más productivos en Twitter viene el proporcionar contenido educativo y compartir imágenes interesantes. La gente quiere ver que las cosas que está compartiendo son relevantes y les da valor de alguna manera. Si usted está compartiendo valor en la forma de enseñarles cómo hacer ciertas cosas, dejando caer hechos interesantes, o simplemente compartiendo un vídeo que es interesante de alguna manera, esta es una manera poderosa de aumentar la probabilidad de que alguien compre de su marca a través de su cuenta de Twitter.

Las siguientes formas más populares de compromiso incluyen ser divertido, ofrecer contenido exclusivo o proporcionar contenido entre bastidores a su audiencia. Estos tipos de contenido son menos del 40% responsables de la producción de conversiones. Sin embargo, todavía tienen la capacidad de generar interés y compromiso en su plataforma. Ocasionalmente, compartir contenido como este es una gran oportunidad para mostrarle a su audiencia un lado diferente de su marca y darles la oportunidad de comprometerse con usted a través de otro asunto.

La forma menos productiva de convertir a los clientes en la plataforma es hablar mal de las marcas de la competencia, que sorprendentemente todavía atrajo al 10% de las conversiones en la plataforma. Este tipo de comportamiento será más efectivo para empañar su reputación o hacer que parezca mezquino o grosero en lugar de crear conversiones en la plataforma. Si usted está tratando de convertir a la gente de Twitter en clientes de pago, absténgase de hablar mal de otras marcas, ya que esto solo hará que su propia marca se vea poco profesional y desconsiderada. Si quiere demostrar que usted es el mejor, hágalo siendo el mejor, no menospreciando a aquellos que cree que no son tan buenos como usted.

Tweet en un horario. Sea consistente

Finalmente, como con cualquier plataforma, si usted no es consistente con sus tweets, su presencia disminuirá y menos gente prestará atención a lo que está compartiendo. Necesita twittear al menos una vez al día para asegurarse de que sigue siendo relevante en las noticias de los miembros de su audiencia. Usted debe apuntar a tweet y retweet por lo menos cinco veces al día para asegurarse de que está proporcionando un montón de gran contenido para que la gente se involucre en su perfil.

Si twittear al menos cinco veces al día es demasiado para usted, podría considerar usar una plataforma como Buffer o Hootsuite para programar sus tweets de manera que sean compartidos de forma consistente, repartidos uniformemente a lo largo del día. Este tipo de plataformas son ideales para ayudarle a promover continuamente contenido atractivo sin tener que trabajar tanto para administrar varias plataformas a la vez.

Conclusión

¡Gracias por leer *Social Media Marketing!* Este libro fue escrito para apoyarle en la comprensión de las diversas plataformas de medios sociales clave que necesita saber sobre cómo llegar al 2019 y cómo puede utilizarlas en su beneficio. Desde entender los pormenores de LinkedIn hasta aprender a conquistar un Facebook abarrotado de gente. Espero que haya podido aprender todo lo que necesitaba saber para empezar a construir estrategias para estar en línea y construir una presencia para su marca.

Recuerde, la estrategia más efectiva que puede aplicar por encima de todas las demás estrategias en las redes sociales este 2019 es la intención de dominar. No es efectivo saltar a varias plataformas y dispersarse, ya que esto lo llevará a luchar por generar una presencia para su marca. Si desea generar una presencia positiva, necesita centrarse en una o dos plataformas al principio, y luego añadir una o dos más a medida que avance.

Es mejor tener una presencia más grande y más comprometida en una sola plataforma que tener audiencias más pequeñas y menos comprometidas en muchas de ellas.

Ahora que ha leído este libro, querrá asegurarse de que verifica sus objetivos para las redes sociales en este 2019 y empezar a desarrollar una presencia en las plataformas que más le van a servir para alcanzar esos objetivos. Asegúrese de comenzar con el que esté más alineado. Dese tiempo para adaptarse a su curva de aprendizaje y para asegurarse de que comienza a generar ingresos a partir de ella de una manera relativamente rápida. De esta manera, su estrategia de medios sociales es efectiva y vale la pena a largo plazo.

Por último, si le gustó el libro *Social Media Marketing* y siente que le ha ayudado a encontrar una manera poderosa de dominar con el mercadeo en las redes sociales en el 2019, por favor tómese el tiempo para revisarlo en Amazon Kindle. ¡Sus comentarios honestos serán muy apreciados, ya que me ayudarán a generar más contenido para usted!

¡Gracias!

Segunda Parte: Marketing en Instagram

Cómo dominar su nicho en 2019 promocionando su pequeña empresa y marca personal en una red social súper popular y aprovechar a sus influencers

Introducción

Instagram es una de las redes sociales más de moda en el mundo en este momento y por una buena razón. Ofrece muchas oportunidades únicas para que las empresas aumenten su público, se expongan a candidatos y comiencen a vender a través de Internet. Si dirige un negocio, o está pensando en empezar uno, necesita usar Instagram en su propio beneficio si desea conseguir el máximo crecimiento para su empresa en 2019. Quiera o no, Instagram está aquí para quedarse, y a su público, no importa quién, le encanta pasar tiempo ahí.

Mientras Instagram crece, las oportunidades para conectar con su público y proporcionar contenido e información de valor también aumentan. Instagram siempre ha sido una plataforma para contar historias de forma visual, ya que comenzó con hermosas fotografías y gente compartiendo sus historias a través de imágenes. En los dos últimos años, Instagram se ha expandido para incluir historias, vídeos en directo y, ahora, IGTV, y todo ello puede incorporarse a su desarrollo de marca y estrategias de difusión. Como aprenderá en este libro, cuantas más formas de interacción genere con su público en Instagram, más seguidores conseguirá y mayor tracción tendrá en esta plataforma.

Si quiere que su negocio tenga éxito, tiene que aprovecharse de todas las oportunidades posibles y aprender a trabajar con ellas en conjunto para conseguir el éxito de su marca en Instagram. En este libro, *Marketing en Instagram: cómo dominar su nicho en 2019 promocionando su pequeña empresa y marca personal en una red social súper popular y aprovechar a sus influencers,* usted va a descubrir exactamente lo que necesita para conseguir el éxito de su negocio en Instagram en 2019. Tanto si acaba de lanzar su negocio como si está creando uno nuevo, todo lo que necesita saber, incluidas todas las estrategias y consejos que puede poner en práctica ahora mismo, se encuentran en este libro.

Este libro incluye todas las mejores estrategias, de manera que puede suponer un poco abrumador, sobre todo si es la primera vez que usa la plataforma. Por esa razón, puede que quiera tomarse su tiempo, leerlo en orden e ir familiarizándose con el proceso de creación en Instagram para alcanzar a su público objetivo. Cuanto más tiempo se tome y más controle cada paso, más sencillo será para usted generar y mantener su propia estrategia en Instagram para poder conseguir un éxito continuado en la plataforma. Como podrá descubrir en este libro, el éxito no está garantizado en ninguna plataforma, pero puede sacar el mayor provecho de sus oportunidades y conseguir su mayor potencial utilizando las estrategias recogidas en este libro.

Si está listo para comenzar en Instagram o aumentar de forma masiva el número de sus seguidores y beneficiarse de las nuevas tendencias de *marketing* de 2019, ¡es hora de empezar! Recuerde: tómese su tiempo e implemente todo cuidadosamente y haciendo el mejor trabajo posible dentro de sus capacidades. Cuantas más nuevas prácticas implemente, más fácil acabará siendo y, con el tiempo, el número de seguidores crecerá. Como con todo, Instagram tiene una curva de aprendizaje, pero esperamos que este libro le ayude a desplazarse por esta curva lo más rápido posible para que pueda saborear el éxito lo antes posible.

Capítulo 1: La popularidad de Instagram

No es un secreto que Instagram es una de las redes sociales más populares junto con Facebook, YouTube y Twitter. Desde que fue comprada en 2013 por Facebook, Instagram ha evolucionado drásticamente y se ha convertido en una de las mejores plataformas para las pequeñas empresas y marcas personales que están buscando exponerse a su audiencia y tener un mayor impacto. Si todavía no está en Instagram, va a tener que ser una prioridad en 2019, ya que será una de las mejores formas de expandir su negocio al estar expuesto ante una mayor porción de su público. Si ya está montando su marca en Instagram, 2019 será otro gran año para una expansión masiva.

¿Por qué es Instagram tan popular?

Una de las mayores ventajas de Instagram es que combina las características positivas de todas las otras redes sociales de una manera que ninguna de las otras lo hace. Instagram tiene la función de vídeo en directo como Facebook, la función del canal IGTV al estilo de Youtube, compartir fotos, compartir historias como Snapchat, una página para buscar y explorar como Twitter y mensajes privados como la mayoría de las plataformas. Cuando está en Instagram, tiene muchas formas únicas de compartir información con su público para que puedan tener una experiencia completa de relación con la marca, lo que les permite comenzar a crear muchas asociaciones y conexiones con usted y su empresa.

La característica más singular de Instagram es la sección de noticias basada en fotos compartidas, ya que permite a aquellas personas que tienen preferencia por lo visual, *ver* las historias o funciones interesantes que les resultan atrayentes, en vez de tener que leer sobre ellas. Ya que la mayoría de la gente está en redes sociales para desplazarse de arriba abajo y consumir información rápidamente, ser capaz de ver y recopilar información en 10 segundos o menos hace que Instagram sea muy popular. Mientras que ciertas publicaciones captan la atención de un individuo por más tiempo o dirigen su interés al pie de la foto, en muchas ocasiones, es el efecto del conjunto el que atrae a la gente y hace que quieran interactuar con la marca y saber más sobre quién es la empresa.

Aunque Instagram es muy popular, una de sus mejores características es que no tiene tantos usuarios como Facebook. Facebook tiene prácticamente todos los sectores demográficos, mientras que Instagram tiene un rango demográfico más singular, entre 18 y 45 años. Esto significa que, para la mayoría de las marcas cuyo público objetivo son las generaciones jóvenes y de mediana edad, Instagram es un espacio más evidente en el que estar. En la mayoría de los casos, en realidad es más fácil establecerse en Instagram que en Facebook. Sin embargo, aunque su público objetivo esté en ambas y quiera utilizar ambas plataformas en su propio beneficio, el hecho de que Instagram sea de Facebook ofrece muchas funciones exclusivas que comparten las plataformas, como gestionar los anuncios desde una cuenta, pero estando activos en las dos plataformas. Teniendo esto en cuenta, Instagram tiene mucho que ofrecer y otras muchas redes sociales simplemente no.

¿Por qué necesita usar Instagram?

En 2019, la mayoría de las personas que compran a través de nuevas empresas también van a seguirlas online e interactuar con ellas en este espacio. Si su marca opera principalmente online, su mejor oportunidad para crear relaciones más dinámicas con su público es estar conectado a las redes sociales para que puedan conectar con usted a través de su plataforma online. En 2019, si no está en Instagram, lo más probable es que su público directamente no pueda encontrarle online ni pueda comenzar a construir una relación importante con usted, así que lo más probable es que decida seguir a otra marca. En otras palabras, si no se expone de forma activa frente a su público y forja relaciones, otro lo hará, y disfrutará conectando con su público objetivo. Si no toma medidas, pronto se olvidarán de usted.

En el mundo moderno, la gente se basa en la demostración social para determinar si merece la pena comprar algo de una empresa o no, especialmente si esa empresa es principalmente online o si van a interactuar con la empresa online porque no viven cerca de un local. En la actualidad, se crea la demostración social a través de una marca que ya tiene una presencia online establecida, con un amplio público y una fuerte implicación por parte de este público. Cuanto más interactúe con su público y consiga que le lluevan las alabanzas después de comprar sus productos o probar sus servicios, más gente que encuentre su negocio va a confiar en usted y apreciar el valor de su oferta. Por supuesto, este aumento en el interés y que haya sido demostrado que es digno de confianza, incrementará su habilidad para vender a través de su plataforma online o canalizar a más gente a su escaparate para finalizar las ventas ahí.

Finalmente, entrar en Instagram demuestra a su público que es moderno y que está "a la última". En la mayoría de los casos, al público le gusta ver que la gente con la que está relacionándose está al tanto de las últimas plataformas y funciones interactivas, ya que demuestra que siguen siendo relevantes. En este mundo moderno, donde los nombres de las marcas importan y "a quién se conoce" es fundamental, demostrar que es alguien que merece la pena conocer y que la gente pueda estar orgullosa de hacer negocios con usted es importante. Tiene que asegurarse de que su público sabe que merece su tiempo, y después tiene que usar su tiempo sabiamente para que puedan obtener valor de cada cosa que ven a través de usted. Como descubrirá más adelante en este libro, ese valor puede ser cualquier cosa, desde entretenimiento para que puedan forjar una relación hasta nuevos productos relevantes para que usted pueda conseguir ventas.

¿Quién está ya en Instagram?

Básicamente todo aquel que merece la pena conocer en su industria ya está en Instagram, y esa es una de las mayores razones por las que necesita estar también en la red social. Cualquier gran marca que tenga un número elevado de seguidores ya está en Instagram, y cualquiera interesado en seguir a estas marcas también está en la plataforma. El mundo de Instagram habitualmente consiste en tres tipos de personas: aquellas que tienen un negocio y utilizan Instagram para vender; *influencers* que ayudan a esos negocios a promocionar sus productos, y consumidores que prestan atención a las últimas tendencias en sus mercados predilectos. Si quiere comenzar a vender más, necesita hacer uso de las redes sociales, aprovechar al máximo sus beneficios a través de Internet, estar en Instagram e invertir algo de tiempo en entender cómo expandir su cuenta e integrarla en un embudo de ventas. Al integrar Instagram eficazmente dentro de su estrategia general de *marketing*, y tener también una estrategia propia para su público en Instagram, puede asegurarse de que está ampliando su público de forma significativa.

Capítulo 2: Cómo puede beneficiarle Instagram

Instagram tiene muchas cosas que ofrecer, más allá de la amplia variedad de funcionalidades disponibles para que pueda proporcionar la experiencia de marca más interactiva posible. Por supuesto, quiere estar seguro de que va a obtener beneficios de todos los sitios en los que invierte tiempo en su negocio para evitar perder el tiempo en estrategias que no ofrezcan resultados al final. Afortunadamente, Instagram tiene muchas ventajas valiosas que hacen que esta plataforma sea digna de la atención de cualquier negocio, ya que prácticamente todos los modelos de negocio pueden encontrar la forma de integrar Instagram en su estrategia y optimizar su conocimiento de marca y, por tanto, sus ventas.

Estadísticas de Instagram

En Instagram, el 71% de los individuos de entre 18 y 24 años usan la plataforma para conectar con amigos, familiares, *influencers* y marcas a las que les gusta seguir. De este sector, más del 35% de estos individuos entran en la plataforma varias veces al día y otro 22% lo hace al menos una vez al día. Esto significa que, si se posiciona de forma correcta, puede alcanzar hasta al 57% o más de su público objetivo a través de una única publicación creada, posicionada y programada adecuadamente. No solo aquellos entre 18 y 24 años pasan su tiempo en Instagram. En realidad, el 30% de los usuarios tienen entre 25 y 34 años, y otro 17% tiene entre 35 y 44. Hay más de mil millones de usuarios mensuales activos en Instagram, lo que significa que hay una oportunidad enorme de conectar con la gente apropiada y empezar a causar sensación en su negocio.

Más allá de las estadísticas de qué grupos demográficos están más tiempo en Instagram, es importante destacar que todos estos individuos están interesados en un amplio rango de nichos. Esto significa que están dispuestos a seguir a casi cualquier marca que les interese, sin importar el nicho al que pertenezca la marca. Hay incluso dentistas que están creando un impacto enorme en Instagram, lo que es formidable teniendo en cuenta que a mucha gente le da miedo ir al dentista. Al conectar con su público a través de esta plataforma, negocios de todas las formas y tamaños pueden empezar a crear conexiones positivas con su público, lo que significa que pueden aumentar su reconocimiento de marca y sus ingresos simplemente por estar en Instagram.

Quién se beneficiará de Instagram

Las marcas y pequeñas empresas de todas las formas y tamaños pueden beneficiarse de estar en Instagram, aunque aquellas cuyo público objetivo tenga entre 18 y 44 años serán las que tengan la mejor oportunidad de conectar con su público objetivo. La verdad es que, siempre que su público objetivo esté en este rango, necesita estar en Instagram porque su público le buscará, y si no le puede encontrar, buscará a otro que pueda ofrecerle lo mismo. Incluso si está utilizando una estrategia de *marketing* muy suave con un tiempo dedicado en Instagram mínimo, al menos creando una imagen consistente y memorable en su plataforma le ayudará a establecerse y crear esas relaciones que en un futuro podrá comprobar que no tienen precio.

Cómo usa la gente Instagram

Algunos de estos empresarios o marcas puede que estén teniendo problemas visualizando cómo una plataforma para compartir imágenes puede usarse para ayudar a sus marcas. Aunque más adelante vamos a profundizar más en estas explicaciones y estrategias, queremos que consiga algo de inspiración sobre cómo su nicho particular puede ser utilizado en Instagram para empezar a crear una imagen en su mente sobre cómo la red social beneficiará a su negocio. Aquí tiene una lista de diferentes modelos de negocios y de cómo están utilizando la plataforma de Instagram de forma singular para conectar con su público objetivo:

- Maquilladores: usan la plataforma para compartir nuevos estilos de maquillaje, productos y técnicas para que la gente los pruebe.
- Dentistas: utilizan esta red social para crear una imagen visual positiva y amigable de su oficina para que su público empiece a asociar al dentista con un lugar feliz sin estrés.
- Abogados: usan la plataforma para conectar con gente que pueda necesitar su apoyo y desarrollan imágenes visuales de autoridad y preocupación para demostrar su interés.
- Empresas de ropa: utilizan Instagram para resaltar sus nuevos estilos con la ropa que ofrecen, inspirar a la gente a crear sus propios *looks* únicos y exhibir sus nuevos productos.
- Entrenadores ejecutivos y mentores personales: usan esta red social para crear una imagen de lo que el negocio o la vida de una persona podría ser, y después se posicionan como expertos para enseñar a aquellos individuos a crear ese estilo de vida por sí mismos.

- Guarderías: muestran sus actividades, las oportunidades de aprendizaje y su personal, para que las posibles nuevas familias puedan ver lo positiva en interactiva que es la guardería.
- Academias de danza: comparten imágenes y vídeos de sus bailarines, sus competiciones y sus momentos estelares para exhibir sus talentos e inspirar a que se unan nuevos estudiantes a su academia.
- Restaurantes: exponen sus platos más deliciosos, muestran a familias disfrutando de su estancia en el restaurante y a individuos cocinando y sirviendo la comida para crear una imagen acogedora para su público objetivo.
- *Influencers*: usan Instagram para posicionarse como expertos en su nicho para que la gente pueda acudir a ellos para obtener información sobre nuevos productos y servicios que deberían probar. ¡Son como los críticos profesionales de Internet de hoy en día!
- Vendedores online: usan Instagram para mostrar cómo sus productos únicos tienen cabida en el día a día para inspirar a la gente a empezar a usar o comprar sus productos.

Hay muchos otros nichos que utilizan Instagram para generar una imagen para su marca y atraer a la gente dentro de su público para que puedan promocionar su marca a más gente. A través de las imágenes en las noticias y las historias, las marcas pueden crear una imagen muy específica para su público que les permite asociar visualmente las marcas con su estilo y toque ideal. Por ejemplo, si quiere crear imágenes positivas, familiares, saludables y pulcras, puede hacerlo seleccionando unas noticias e historias que reflejen esto en todo lo que comparta. Cuanta más gente llegue a su página o vea sus historias, se verán más expuestas de manera sistemática a estos sentimientos e imágenes y, por tanto, de manera más constante empezarán a asociarlo con esa persona a la que buscan para satisfacer sus necesidades.

Si no vio su nicho en la lista, puede estar seguro de que existe, sin lugar a dudas, una forma particular de componer los vídeos, historias y fotografías para que pueda empezar a interactuar con su público también. A lo largo de este libro aprenderá formas inigualables de crear una imagen para su marca y hacer uso de estas herramientas para servir a su modelo de negocio.

Capítulo 3: La evolución de Instagram en 2019

Instagram ya ha entrado en su noveno año de negocio y ha evolucionado indudablemente a lo largo de los años mientras sacan nuevas funciones continuamente y la gente incorpora estas nuevas herramientas en sus experiencias. En 2019, se espera que esta evolución continúe mientras aprendemos a usar estas herramientas de nuevas formas para ofrecer experiencias de marca únicas para nuestro público. Por supuesto, no quiere empezar 2019 utilizando estrategias pasadas de moda en un intento de alcanzar a su público, así que antes de empezar a estudiar estrategias y enfoques específicos, vamos a profundizar en algunas tendencias y estrategias de *marketing* específicas de 2019 a las que tendrá que estar atento.

Evidentemente, es complicado predecir exactamente qué deparará el nuevo año. No podemos garantizar qué nuevas herramientas podrán estar disponibles ni qué actualizaciones de la aplicación podrán cambiar la forma en la que la usa a la hora de interactuar con su público. Sin embargo, está bastante claro que ciertas tendencias ya están creciendo en popularidad, y no es del todo complicado mantenerse al tanto de las próximas modas siempre que aprenda a mantenerse involucrado.

Tendencias a vigilar en 2019

Instagram, como cualquier otra plataforma, está llena de tendencias que puede identificar fácilmente si presta atención y dedica tiempo a la aplicación regularmente. Si bien puede ser difícil predecir modas, sospechamos que habrá cinco tendencias que surgirán en la plataforma de Instagram en 2019.

La primera tendencia, IGTV, fue lanzada en junio de 2018, pero esperamos que despegue y crezca todavía más en 2019. Esta plataforma está dedicada a aquellos que usan Instagram desde sus dispositivos móviles y les da la oportunidad de seguir canales tipo Youtube a través de la plataforma de Instagram. Sin embargo, a diferencia de otros servicios de vídeo, IGTV está dedicada al formato vertical de vídeo, lo que la hace perfecta para usar en dispositivos móviles, ya que le permite ver la mayor parte del video sobre su pantalla. Aquellos individuos que buscan expandirse a un público móvil y empezar a crear más contenido para que sus seguidores presten más atención, pueden utilizar IGTV en una variedad de formas; desde compartir unos retazos de sabiduría o saber hacer en su nicho a compartir tutoriales y vídeos paso a paso.

Hay muchas formas en las que IGTV puede usarse para generar ventas, pero, en el fondo, la mejor forma es ponerse frente a su público y empezar a hablar sobre su marca y las formas en las que puede animar a su público a través de sus productos o servicios. La clave, sin embargo, es evitar que se note el discurso de ventas. En vez de hablar durante cinco minutos sobre sus servicios, por ejemplo, emplee ese tiempo en promover el conocimiento y ofrecer consejos sobre los problemas y motivos de preocupación que afectan a su público y después proponga sus productos o servicios como solución. De esta forma, su público tiene una razón válida para quedarse y escuchar, en vez de que sientan que simplemente les ha dado un largo discurso publicitario.

La segunda tendencia a surgir en 2019 será el auge de las micro-marcas o pequeñas empresas, que están compartiendo y conectando con sus públicos. Instagram ha continuado evolucionando para mantener el protagonismo en los pequeños empresarios y empresarias; emprendedores y emprendedoras, y marcas locales. Se cree que en 2019 esta tendencia seguirá en alza y hará incluso más fácil a las micro-marcas conectar con su público y crear un flujo de ingresos extra a través del *marketing* en Instagram. La mayor razón por la que es una tendencia en ascenso es porque Instagram ofrece muchas formas diferentes de compartir su marca con su público personalmente, y a la gente le gusta compartir esa conexión personal con las marcas que apoya. La mayoría de las grandes marcas simplemente no tienen el tiempo o los medios para ofrecer esa relación íntima con su público, motivo por el cual cada vez más personas se decantan por seguir a micro-marcas. Como dueño o dueña de una pequeña empresa o marca personal, el tener el foco de atención principalmente en marcas como la suya significa que, ¡ahora es el momento perfecto para estar en Instagram y empezar a forjar relaciones con los clientes que buscan exactamente lo que usted ofrece!

La tercera tendencia a surgir en Instagram en 2019 será usar publicidad en las historias. Si ya está en Instagram, puede haber visto anuncios patrocinados entre las historias que estaba viendo. Estos anuncios de pago son una oportunidad para compartir tiempo de pantalla con su público para que puedan encontrar su marca y puedan empezar a seguirle en el espacio online. Sin embargo, ¡no tiene que usar anuncios de pago para meter sus anuncios en la funcionalidad de historias! El número de plantillas para diseños de historias está aumentando, lo que significa que puede usar la función de historias para generar un anuncio y simplemente compartirlo como una historia normal. Aunque esto no llegará tan lejos y solo podrá ser visto por su público existente o por aquellos que le encuentren y decidan ver sus historias, puede ser una gran oportunidad para usar sus historias con propósitos publicitarios.

La cuarta tendencia son las tiendas de comercio electrónico, o la oportunidad de empezar a integrar en su página funciones relacionadas con el comercio electrónico, que hace más sencillo que sus clientes le ubiquen y compren a través de usted. La función más digna de mención que ofrece esto ahora mismo serían las publicaciones para compras, que le permiten publicar imágenes estáticas con productos y etiquetarlos para que los clientes sean dirigidos directamente a un enlace para finalizar su compra. De esa forma, puede publicar algo y animar a la gente a comprar con usted a través de sus etiquetas de productos en sus publicaciones. Un gran ejemplo de gente que está haciendo esto son aquellos que venden ropa y accesorios compartiendo imágenes con sus productos y diciendo "¡Compra este estilo!" para que la gente se pare y mire la imagen. Si les gusta, pueden fácilmente pulsar las etiquetas en la publicación y empezar a comprar los productos que desean. Para que estas funcionen, estas publicaciones requieren una función integrada con la página de Facebook, pero una vez configurada, esta función es increíble y se espera que evolucione de forma todavía más interactiva en los siguientes meses.

La quinta tendencia ocurre todos los años en las redes sociales y se espera que continúe este año. Esta es: Instagram buscará formas de aumentar la participación de su audiencia para que pase más tiempo en Instagram. Para esta red social, cuanto más popular sea su plataforma, más gente acabará usándola para desarrollar sus marcas y vender sus productos, lo que significa que Instagram tendrá posibilidades de tener más publicidad de pago a través de su plataforma. Por consiguiente, quieren dirigir el máximo de tráfico posible a la red social, hacerla incluso más divertida para todos y mantener a las marcas y los clientes conectados en la plataforma para que puedan continuar ganando dinero. En otras palabras, Instagram gana cuando ayuda a las pequeñas empresas a ganar también, lo que significa que Instagram continuará creando funciones para ayudar a las marcas como la suya para que puedan continuar creciendo también.

Capítulo 4: Crear una cuenta para su marca

Recorrer la plataforma de Instagram requiere que configure su cuenta y comience a desarrollar su cuenta primero. En este capítulo vamos a explorar cómo puede crear una cuenta en Instagram y navegar en la plataforma como una marca para que pueda empezar a cosechar los beneficios de Instagram en 2019. Si ya tiene una cuenta, igualmente debería prestar atención a este capítulo, ya que obtendrá mucha información importante sobre cómo navegar su cuenta comercial y configurarla para que pueda dirigir una marca poderosa y memorable.

Comenzar en Instagram

Es mejor crear su cuenta de Instagram en un dispositivo móvil, ya que Instagram está optimizado para este uso. Aunque puede crear su cuenta desde la versión para ordenador de la plataforma, puede que no sea tan fácil como desde la app y además hay menos funciones disponibles en esta versión para ordenador de Instagram. Así que, para empezar, tendrá que descargarse la aplicación de Instagram en su teléfono. Una vez se la haya descargado, puede abrirla y seguir el proceso que se le describe en pantalla para crear su cuenta, que incluirá introducir su correo electrónico o número de teléfono y escoger una contraseña. Una vez haya hecho esto, la siguiente página requerirá que escoja un nombre de usuario para su cuenta.

Escoger su nombre de usuario

El nombre de usuario de Instagram que escoja tiene que ser claro y fácil de recordar, de lo contrario, puede que su público no pueda volver a encontrarle una vez abandone su cuenta. Igualmente, tiene que asegurarse de que en el momento en el que la gente ve su nombre de usuario pueda hacer una clara conexión entre quién es usted y qué es lo que hace su empresa; si no, puede que no se sientan tentados a volver a su perfil.

En general, la mayoría de las marcas simplemente usarán el nombre de sus empresas como sus nombres de usuarios, ya que así es más sencillo que le encuentren en Instagram. Por ejemplo, Nike, Adidas, Walmart y Nordstrom usan los nombres de sus marcas como sus nombres de usuarios en sus redes sociales haciendo más sencillo que las ubiquen. Si es una marca personal, puede que tenga que cambiar la forma en la que se plantea sus redes sociales para asegurarse de que puede ser localizada y reconocida por aquellos en Internet. En general, las marcas personales siguen las mismas reglas que otras marcas usando su nombre como el nombre de usuario. Por ejemplo, el nombre de usuario de Kendall Jenner es simplemente @kendalljenner, facilitando mucho el que la descubran online. Existen, sin embargo, excepciones a esta regla cuando está creando una marca personal online. Por ejemplo, si es alguien que tiene un nombre largo, difícil o complicado de escribir, puede que si lo usa como nombre de usuario no consigan encontrarle online. En este caso, puede usar un alias o apodo como su nombre de usuario y después usar este mismo alias online consistentemente, o puede usar una versión ortográfica más sencilla de su nombre. Por ejemplo, el nombre real de Nicki Minaj es Onika Tanya Maraj, pero este nombre sería difícil de recordar y escribir; por tanto, decidió bautizarse como Nicki Minaj. Así es mucho más sencillo para sus fans encontrarla online o en cualquier otro sitio donde quieran buscarla, lo que hace que su marca personal sea tanto memorable como fácil de localizar.

Cuando cree su nombre de usuario, evite usar ortografía complicada; nombres de usuarios similares a algunos ya existentes online o caracteres o números diferentes en su nombre de usuario. A no ser que su carácter o número sea parte del nombre de su marca, no intente añadir estos caracteres a su nombre de usuario para hacerlo más especial o llamativo, ya que sólo conseguirá que sea más difícil que le localicen. Recuerde, es de esta forma como la gente le va a buscar, y este es el nombre por el que la gente le va a recordar. Si quiere que la gente le recuerde y localice fácilmente, entonces necesita crear tanto un nombre de usuario como una marca que la gente recuerde.

Cuando haya creado su nombre de usuario, llegará a la pantalla principal donde puede empezar a navegar la aplicación. Aquí puede continuar rellenando más partes de su perfil antes de empezar a interactuar con alguien en la plataforma. No querrá invertir esfuerzo en conectar con su público objetivo si su perfil todavía no está lo suficientemente desarrollado como para que la gente no le identifique, asegurándose de que ninguna conexión es una conexión perdida.

Elaborar la biografía perfecta

Una vez haya creado su nombre de usuario, el siguiente texto que va a tener que escribir es su biografía. En Instagram, su biografía puede ser de hasta 150 caracteres de longitud y puede incluir enlaces a otros perfiles y *hashtags* que puedan ser relevantes para su marca. Su biografía le brinda la oportunidad de contar a la gente quién es usted y qué le identifica, aunque también puede usarlo para vender y promocionar su negocio a través de su perfil. Usar su biografía sabiamente es la mejor forma de asegurarse de que podrá usarla para aumentar las posibilidades de que le recuerden, así como la cantidad de interacción que la gente tendrá cuando le siga y apoye su marca.

A la hora de escribir una biografía que le ayudará a vender, hay tres cosas en las que se tiene que enfocar: con gancho, informativa y promocional. Su biografía tiene que tener el suficiente gancho para que la gente esté realmente interesada en leerla; informativa, para que la gente pueda familiarizarse con quién es usted y de qué va su empresa, y promocional, para que haya más probabilidades de que la gente pulse en el enlace que les puede proporcionar.

Normalmente no están bien vistas las oraciones completas, a no ser que utilice una única oración corta, de manera que evite algo demasiado excesivo o elaborado. En la mayoría de las biografías, en vez de usar oraciones, la gente comparte listas de sus intereses o de qué va la marca. Escribir su biografía de forma adecuada es esencial, así que asegúrese de tomarse su tiempo para identificar lo que realmente va a funcionar para usted y para su marca. La mejor forma de saber lo que mejor va a funcionar para su marca inigualable es ir a las páginas de otras marcas en su nicho y leer sus biografías y ver lo que funciona y lo que no. Revise las biografías de las que tienen éxito y compárelas con las que no han acumulado todavía un abultado número de seguidores e intente observar alguna tendencia o diferencia que parezca distinguirlas. Usted quiere emular a las marcas triunfadoras, por supuesto, así que intente recrear las pautas que están usando en sus biografías a través de la suya propia, pero de forma más auténtica para que resuene con su marca y su público objetivo particular.

Además de escribir su biografía, usted también va a querer compartir el enlace a su página web para que la gente pueda ver más sobre quién es y tener la oportunidad de comprar online si tiene una tienda online. Si tiene muchos enlaces que le gustaría compartir con la gente, considere usar un servicio como Link Tree, que le permite crear una página de inicio personal y profesional que tiene botones a las páginas a las que quiere dirigir a su público. Si está promocionando varias cosas en su cuenta, como por ejemplo una oferta gratuita, su oferta estrella y la oportunidad de seguirle online en otro sitio, estos diferentes enlaces pueden hacerle más sencillo el dirigir a su público a través de sus servicios u otras cuentas. Independientemente de cómo escoja estructurar sus enlaces, asegúrese de proporcionar uno para que la gente pueda hacer clic en él y pueda conocer más a fondo quién es usted y qué tiene que ofrecer.

Las siguientes biografías son fantásticas y pueden utilizarse para su marca. Por supuesto, necesitará adaptar su biografía para ajustarse a su marca o nicho particular, pero estas serán un excelente punto de partida para descubrir lo que funciona y lo que vende en cuanto a biografías:

- Una empresa de queso gourmet: "Queso Gourmet. El vino perfecto. Una gran fiesta. Sobran las palabras #Enlaceenlabio"
- Un bloguero o bloguera de moda: "23 // Moda // NYC // Lattes y pintalabios. ¡Compra mis *outfits* en el enlace abajo!"
- Un entrenador o entrenadora personal: "Perseguir metas, vivir a lo grande, disfrutar la vida. Vive tu mejor vida. ¡Mira el enlace abajo!"
- Una joyería: "Diamantes para cada ocasión. #Enlaceenlabio"

- Una compañía local de limusinas: "Viaje con estilo por menos – Vancouver/Calgary/Toronto. Reserve en el enlace abajo".

Subir la foto de su perfil

Su perfil también va a requerir una imagen, lo que le proporcionará a su público la oportunidad de ver quién es y empezar a asociar su nombre con su imagen. A la hora de hacer cuentas para marcas, tiene dos opciones con su imagen de perfil: subir una imagen de su logo o subir una imagen suya. Cuál elegir depende del tipo de empresa que dirige y la imagen que quiere que la gente recuerde.

Para la mayoría de las empresas, el logo es suficiente, ya que es la forma más fácil de empezar a crear reconocimiento de marca a través de su negocio. Según la gente vaya asociando su logo con su nombre de usuario, también reconocerán su logo y lo identificarán en cualquier lugar donde lo puedan ver. Esto puede ser muy importante para el reconocimiento de marca, por esta razón, si está dirigiendo una empresa, su foto de perfil solo debería ser su logo. Asegúrese de subir una imagen en alta resolución y que encaje perfectamente dentro del círculo de la imagen de perfil para que se pueda ver bien el logotipo. Si está borroso o es difícil de entender, puede que la gente directamente se lo salte porque no saben identificar lo que están viendo.

Si es el caso de una marca personal, puede que prefiera usar una imagen de su cara en vez de una imagen de su logo, ya que las marcas personales normalmente buscan inspirar reconocimiento de marca a través del reconocimiento facial. Asegúrese de usar una foto clara que refleje su marca de forma precisa para que guarde sentido con la imagen general que está intentando crear. Por ejemplo, si es un bloguero o bloguera de viajes, use una imagen suya con un paisaje de fondo para que la gente pueda atar cabos. Si es agente inmobiliario, ponga una foto suya sonriendo delante de una casa o un fondo blanco para poner el énfasis en usted y su influencia como vendedor o vendedora. No use *selfies*, imágenes de baja calidad o imágenes que parezcan estar fuera de lugar, ya que puede que confundan a la gente si las ven relacionadas con su marca, lo que puede llevar a menos seguidores y, por lo tanto, menos ventas. Debería estar usando cada aspecto de su página para crear una imagen uniforme que refleje fielmente la imagen de su marca.

Asegúrese de que nunca deja su imagen de perfil vacía, puesto que las personas no confían ni interactúan con empresas que no han subido una foto de perfil. Absténgase de interactuar con nadie hasta que la haya subido, ya que la mayoría de la gente que ve perfiles sin imágenes asumen que o son timadores o no son todavía lo suficientemente interesantes como para prestarles atención. Los perfiles con imágenes de perfil atrayentes, claras y de alta calidad son los que acaban consiguiendo seguidores, así que espere a completar este paso antes de participar en el contenido o seguir a alguien.

Configuraciones importantes de Instagram

Instagram es óptimo para negocios, razón por la que tantas micro-marcas están usándola para conectar con su público. En Instagram, hay una variedad de configuraciones importantes que usted debería ajustar para asegurarse de que su perfil está listo para sustentar una marca en crecimiento, porque, de esta manera, puede sacar el máximo partido a la plataforma. Debe hacer tres cosas inmediatamente cuando lance su cuenta para su marca: cambiar a una cuenta comercial (para que pueda utilizar publicidad de pago), ajustar la configuración de su privacidad y habilitar la autenticación en dos pasos.

Cambiar a una cuenta comercial

Cambiar su cuenta a una cuenta comercial es simple. Para hacerlo, entre en la configuración de su cuenta a través de las tres líneas situadas en la esquina derecha de la página de su perfil. Una vez ahí, seleccione "Cuenta" y pulse la opción "Cambio a cuenta comercial".

Si todavía no tiene una, Instagram le ayudará a configurar rápidamente una página de Facebook a la que vincular su cuenta comercial de Instagram. Este paso es necesario, aunque no piense usar la página de Facebook, ya que le permite participar en ciertas actividades exclusivas para empresas en Instagram, como etiquetar productos en sus fotografías, operar promociones de pago y establecer una dirección o ubicación para su negocio en Instagram si lo tiene.

Una vez haya cambiado a una cuenta comercial, Instagram le dará acceso a información importante que analizar. Esta información le garantizará que podrá hacer un seguimiento de sus logros monitoreando el éxito de sus publicaciones, el crecimiento del número de seguidores e, incluso, obtener un claro esquema de cuál es su sector demográfico y si está conectando con el público correcto a través de la plataforma. Esto hace las funciones para empresas en Instagram aún más valiosas. Si bien es cierto que no es necesario tener una cuenta comercial para llevar una empresa en Instagram, sí que querrá tener acceso a todas las funciones exclusivas para empresas que ofrece.

Ajustar la configuración de la privacidad

En Instagram, ciertos ajustes de privacidad pueden usarse para limitar quién puede ver su cuenta y qué se puede ver o qué se puede hacer en su cuenta. Deberá entrar y asegurarse de que todos los apartados de privacidad que puedan estar activados estén desactivados para garantizar que la configuración de su privacidad no esté ocultando parte alguna de su cuenta. Asegúrese de que la gente puede comentar y compartir sus publicaciones, seguirle y mandarle mensajes a través de sus historias para que la gente pueda interactuar con su perfil de todas las diferentes formas posibles. Mantener su cuenta privada de algún modo puede llevar a que la gente no pueda interactuar con usted, lo que puede reducir su deseo de seguirle, puesto que una de las razones principales por las que la gente está en las redes sociales es para forjar relaciones con otros. ¡Necesita estar disponible para el proceso de creación de relaciones!

Autenticación en dos pasos

La autenticación en dos pasos es necesaria para todo aquel que quiera dirigir un negocio online, ya que asegura que no puedan *hackear* su cuenta ni bloquearle fuera de ella. La autenticación en dos pasos requerirá que apruebe todos los inicios de sesión a través de su número de teléfono o dirección de correo electrónico, lo que significa que, si alguien intenta iniciar sesión en su cuenta en remoto para *hackearle*, no podrán hacerlo sin el código enviado a su correo electrónico o número de teléfono. Puede habilitar la autenticación en dos pasos yendo a su menú de configuración, pulsando en "Privacidad y seguridad" y después en "Autenticación en dos pasos". Una vez ahí, le explicarán el proceso para verificar su número de teléfono o su dirección de correo electrónico para que pueda usarlos para hacer que su cuenta sea más segura.

Si alguna vez recibe una petición de inicio de sesión y usted no ha sido la persona que ha intentado acceder a su cuenta desde un navegador, es importante que inmediatamente cambie su contraseña de Instagram. Si ha recibido el código, eso significa que alguien ha identificado su contraseña y ha iniciado sesión en su cuenta satisfactoriamente. Por supuesto, se quedarán bloqueados en el proceso de inicio de sesión, ya que no tienen su código de verificación para completar la autenticación en dos pasos. Igualmente, esto significa que su cuenta no es segura. Al cambiar su contraseña puede asegurarse de que nadie entre en su cuenta de ninguna forma y empiece a poner en riesgo su negocio a través de Instagram.

Capítulo 5: 5 reglas no escritas de Instagram

Entrar en Instagram y empezar a lo grande de inmediato significa que tiene que dominar Instagram, como un profesional, incluso si no tiene la experiencia de alguien que ha estado en la plataforma durante mucho tiempo. Según pase el tiempo, descubrirá trucos y técnicas propias, pero para ayudarle a empezar, aquí tiene una lista de las cinco reglas no escritas de Instagram para que empiece con impulso. Si empieza utilizando estas estrategias desde el primer día, puede estar tranquilo sabiendo que su Instagram crecerá rápida y eficazmente.

Publicar en el momento adecuado

En Instagram, su público tenderá a pasar tiempo en la plataforma a diferentes horas a lo largo del día y de la semana. Averiguar cuáles son sus mejores momentos para publicar y publicar en estas horas pico le asegurará que sus fotografías consigan la máxima participación para que pueda empezar a crecer su cuenta rápidamente. Con Instagram, el algoritmo favorece las publicaciones con las que se interactúa de forma rápida y genuina, así que, cuantos más me gusta y comentarios acumule al principio, mejor.

Puede investigar los mejores momentos para publicar, tanto para usted como para su público, a través de las estadísticas para empresas de Instagram o a través de aplicaciones de terceros como PLANN o Iconosquare, que en ambos casos cuentan con horarios inteligentes y muy precisos para planificar sus publicaciones. Estas plataformas monitorizan su participación y le comunican cuándo su perfil tiende a recibir más visitas, me gusta y comentarios en sus nuevas publicaciones. Aunque obtener esta información a través de las aplicaciones de terceros cuesta dinero, tener acceso a la información necesaria puede ayudarle a expandir su plataforma más rápido.

Además de publicar en el momento ideal, asegúrese de utilizar las secuencias de *hashtag* correctas que le garantizarán tener la oportunidad de que le vean. Aunque ya aprenderá sobre *hashtags* más adelante, es importante que entienda lo antes posible que sus *hashtags* son su oportunidad clave de ser visto en Instagram. En pocas palabras, las imágenes sin *hashtags* no tendrán acceso a miembros de su público nuevos, sin explotar, lo que significa que cada vez que publique sin usar *hashtags* estará tirando dinero a la basura con su cuenta de Instagram.

Controlar el uso de *selfies*

La tendencia en Instagram solía ser llenar su página con *selfies* y que a la gente le gustase y, mientras que este comportamiento sigue estando perfectamente bien para las simples cuentas de individuos, no es lo ideal para marcas o negocios que están buscando expandir su plataforma en 2019. Mientras que los *selfies* pueden (y deben) usarse para expandir su página, debería abstenerse de utilizar un *selfie* suyo en cada publicación ni alternando uno sí y otro no. En su lugar, use *selfies* esporádicamente y enfatice otras fotos de interés para ayudar a incrementar su alcance en 2019.

Si le encanta compartir *selfies* y de alguna forma guardan relación con su marca, considere usar sus *selfies* de forma más consistente en sus historias y con menos frecuencia en sus noticias. De esta forma puede seguir compartiendo imágenes *selfie* relacionadas con la marca que pueden ayudarle a aumentar su tracción, pero no dominan sus noticias ni le hacen parecer poco profesional o juvenil en la plataforma. Hoy en día, la gente prefiere ver imágenes más meditadas que parecen similares a las tomadas por fotógrafos profesionales. Aunque no tenga un fotógrafo profesional listo para fotografiarle, considere tener a alguien para tomarle las fotos o usar un trípode o un temporizador para conseguir imágenes de mejor calidad que no incluyan su bíceps derecho alargado por la distorsión de la cámara.

A pesar de que los *selfies* no son la opción ideal, a la gente le sigue gustando ver a otros humanos en las imágenes que están mirando, ya que crea un toque más personal a sus fotografías. De manera que, aunque debe evitar abusar de los *selfies*, debe asegurarse de que sigue habiendo humanos en sus fotografías para que su perfil pueda atraer más atención de su público objetivo.

Ser original

Cuanto más tiempo dominan las redes sociales el espacio online, más gente busca conexiones auténticas con marcas y empresas originales. En pocas palabras: la gente no quiere pensar que están siguiendo una cuenta que es puramente estrategia publicitaria sin personalidad ni originalidad. Su público objetivo le sigue en Instagram porque quiere sentir una conexión con usted, no porque quiere ver anuncios las 24 horas del día. Si va a crear una conexión fuerte con su público necesita una forma de ser original, crear una imagen única para su empresa, y destacar sobre el resto de la gente que se está dirigiendo a su público.

Si usted dirige una empresa profesional, como un bufete de abogados o una consulta de dentista, encontrar una forma de ser original puede ser complicado, ya que por un lado tiene que interactuar de forma auténtica con su público, pero por otro no puede perder su reclamo de experto profesional. Aun así, hay formas en las que puede generar una imagen auténtica sin empañar su profesionalidad ni asustar a su público por miedo de solo recibir publicidad si le siguen. Una opción fantástica de averiguar formas únicas de compartir su originalidad en su industria nicho es buscar a sus competidores online y ver lo que están haciendo. Normalmente, los que dominan el espacio tienen un planteamiento muy original y único y puede aprender un par de cosas de estos individuos.

Evidentemente, una vez haya finalizado con su búsqueda, necesita encontrar formas de incorporar estos consejos, ideas e inspiración que ha acumulado a través de su búsqueda en su propia imagen original. Al fin y al cabo, copiar directamente a otros es una clara falta de originalidad y no un signo de mucha creatividad. Sus seguidores lo reconocerán y no interactuarán con su marca si no encuentra una forma de impulsar la originalidad y mantenerse auténtico en la plataforma.

Evitar abusar de la edición

Los usuarios de Instagram se esfuerzan en parecer refinados profesionales y de buen ver, y por una buena razón, ¡todos los demás están estupendos en la plataforma! Cuando edita sus fotografías debidamente, usted puede destacarse del resto de las fotografías que se comparten, lo que significa que incluso puede ser visto por más gente. Mientras su público objetivo criba sus *hashtags* favoritos y sus páginas para buscar y descubrir, probablemente pulsen en una fotografía más atractiva antes que en una que parece fuera de lugar o chapucera.

Dicho esto, tiene que tener cuidado sobre cuánto retoca sus fotografías y su resultado final. Si edita su fotografía demasiado, empezará a parecer artificial e incluso extraña, lo que resultará en menos gente prestando atención a su página o tomándole en serio. Si quiere que le tomen en serio y aumentar la interacción en su página, necesita retocar sus fotos con gusto y de forma que les ayude a destacar por su buena estética, no porque parezcan raras por exceso.

Una excelente forma de retocar sus fotos y crear un atractivo natural manteniendo ese estilo pulido profesional es usar estas dos aplicaciones en su teléfono: Lightroom CC y FaceTune Lite. Ambas aplicaciones son gratuitas y le permiten crear fotos para Instagram profesionales y de alta calidad en menos de 2 minutos. Empiece subiendo su imagen seleccionada a Lightroom CC, seleccione "luz" en la configuración y pulse "AUTO". La aplicación ajustará de forma automática los ajustes como color, saturación, balance de blancos, balance de negros y otros ajustes para garantizar que la fotografía parece editada por un profesional. Después, si quiere, puede subir la imagen a Face Tune y suavizar la apariencia de la piel de cualquiera en la imagen, así como disimular rojeces o realizar cualquier otro retoque menor para conseguir un atractivo de alta calidad. Una vez más, es aquí donde tiene que interiorizar que menos es más. Si está blanqueando los dientes a alguien, por ejemplo, no se pase. Nadie tiene los dientes completamente blancos, así que editar los dientes para que parezcan excesivamente blancos hará que la foto parezca artificial e incómoda. Procure que cada retoque que realice parezca natural, ¡incluso si intenta hacer que el individuo parezca un modelo fotografiado por un profesional!

Favorecer los comentarios por encima de los me gusta

La última versión del algoritmo de Instagram prefiere la interacción genuina a la interacción pasiva. La interacción pasiva, como los me gusta, es valiosa, pero no destaca en el algoritmo hasta el punto en el que Instagram cree que realmente quiere continuar interactuando con dicha persona. Por tanto, si le gusta la foto de alguien, puede que no vea mucho de su contenido dentro de sus noticias nativas a no ser que le gusten muchas de sus fotos o comente en ellas. La clave aquí es que, si está viendo más gente en sus noticias, lo más probable es que le estén viendo también más a usted en sus noticias, lo que significa que es más probable que su público también le vea e interactúe con usted.

Cuando está desplazándose por *hashtags* para localizar nuevos seguidores o realizar estudios de mercado o simplemente interactuar con su público objetivo, haga lo posible por dejar comentarios en todo lo que se cruce en su camino. Dicho esto, no deje comentarios artificiales que sean genéricos, y no diga lo mismo en varias publicaciones. Hoy en día hay programas llamados *bots* y la mayoría de la gente se negará a interactuar con cualquiera que sospechen pueda ser un *bot* por miedo a ser estafados o recibir correos basura.

Más aún, los comentarios genuinos destacan y, a menudo, son recompensados con más interacción, lo que aumenta todavía más su habilidad de ser visto por ese individuo. Si esa persona le ve alguien auténtico, es más probable que le eche un vistazo y le siga en su plataforma. Para el algoritmo de Instagram, los comentarios de uno y otro lado sugieren que están compartiendo una interacción real y anima al algoritmo a mostrarles más alto en las noticias de cada uno para que puedan ver más del contenido del otro. Como una marca o pequeño negocio, esto es exactamente lo que quiere que pase para que pueda mantenerse relevante con sus seguidores y aumentar sus posibilidades de que le localicen y recuerden.

Capítulo 6: Escoger su nicho

Tener un nicho en redes sociales es extremadamente importante, especialmente si desea conseguir una conexión fuerte con sus seguidores y atraer a una red de posibles clientes. Como con cualquier otro tipo de negocio, un nicho es bueno para una cosa muy específica: ayudarle a saber exactamente con quién está hablando para que su audiencia sepa cuándo le están hablando. En el mundo del *marketing* hay un dicho: "Si les habla a todos, no le hablará a nadie". En otras palabras, no hay una forma de atraer a todas y cada una de las personas en su estrategia de *marketing* y como probablemente no tenga el equipo, tiempo, recursos o reputación para crear varias diferentes estrategias de *marketing* para dirigirse a cada uno, necesita reducirlo.

Si ya dirige un negocio, puede que ya tenga un nicho definido. Puede que, aunque ya tenga un negocio, nunca haya tenido la necesidad de buscar un nicho porque su negocio es, por ejemplo, un concesionario, que tiende a tener un amplio espectro de personas interesadas en lo que vende. En este caso, va a tener que escoger un ángulo, lo que aún requiere que tenga un nicho o público objetivo al que vender. En este capítulo va a aprender a identificar un nicho, ya sea si tiene un negocio, pero no ha encontrado su nicho, o si acaba de crear su marca o empresa y necesita identificar su nicho.

Encontrar su nicho con una empresa establecida

Si usted ya tiene una empresa, crear su nicho es simple: tendrá que revisar sus informes de ventas recientes para hacerse una idea de quién compra normalmente sus productos y servicios. Como usted ya tiene un negocio establecido, tiene la oportunidad única de mirar las estadísticas de sus actuales clientes rentables, lo que hace más sencillo decidir exactamente a quién debería dirigirse online. Por este motivo, este proceso debería ser sencillo para usted.

Si encuentra que tiene principalmente dos o tres grupos que le compran, va a tener que identificar qué grupo es más probable que esté en Instagram para que pueda dirigirse a ellos en primer lugar. Después, puede incorporar los otros dos nichos con esfuerzos menores dentro de sus estrategias de *marketing*. A esto se le llama la regla del 80/20 o 60/20/20, lo que básicamente significa que usted destina la mayor porción de sus esfuerzos de *marketing* a su audiencia principal y una o dos porciones más pequeñas a sus sub-nichos. De manera que, si es un concesionario de coches con una audiencia principal de familias y tiene un público secundario de parejas jóvenes, el 80% de sus esfuerzos de *marketing* se dirigirían hacia las familias y el 20% de sus esfuerzos a las parejas jóvenes. Si tiene un tercer sub-nicho principal conformado por empresarios y empresarias, entonces tendría que dividirlo asignando el 60% de sus esfuerzos de *marketing* a las familias, el 20% a las parejas jóvenes y el 20% restante de sus esfuerzos a los empresarios y empresarias.

Nunca debería dividir sus esfuerzos en más de tres nichos, ya que podría resultar confuso y difícil de seguir al tener demasiados mensajes diferentes publicados por la plataforma. Si tiene más de tres públicos a los que se quiere dirigir, tiene que decidir cuáles van a ser rentables y cuáles van a funcionar mejor juntos a la hora de crear una imagen general que tenga sentido. Evite mezclar públicos que no peguen los unos con los otros, como hombres jóvenes en busca de coches deportivos y familias mayores que buscan una berlina segura. Este tipo de emparejamientos no tiene sentido y, por tanto, le resulta complicado saber a su público si quieren seguirle o no. En este supuesto exacto, descartaría a los individuos mayores que están buscando berlinas porque no es fácil encontrarlos en Instagram. En cambio, dirigiría todos sus esfuerzos de Instagram hacia los hombres jóvenes en busca de coches deportivos y buscaría otra forma diferente de conectar con los individuos mayores que buscan berlinas seguras.

¿Qué le gusta y a quién puede servir?

Si todavía no tiene un nicho definido porque acaba de lanzar su empresa, necesita decidir ahora a quién va a querer dirigirse. Si está creando un modelo de negocio propiamente, va a querer incorporar esta información en su plan de negocio para poder tener una estrategia general sobre cómo va a afrontar su negocio y generar éxito. Si usted está creando una marca personal online con la intención de forjar unos seguidores leales para que en el futuro pueda convertirse en un vendedor afiliado, puede que no necesite un plan de negocio enorme, pero igualmente debería tener una idea general de la dirección a la que se dirige con su negocio.

El primer paso para identificar su nicho es compartir ideas sobre a quién puede servir o con quién le gustaría conectar a través de su negocio o marca. Piense sobre cosas que realmente disfruta y le interesan, ya que no quiere comprometerse con nada que no le proporcione alegría durante un periodo de tiempo prolongado. Intentar aparecer en un nicho que no le interese, no solo le aburrirá y perderá interés en su marca según pase el tiempo, sino que además llevará a que su público sienta que le falta pasión e interés en su nicho. Cuando su público identifica que no está interesado en lo que a ellos les importa, tampoco estarán interesados en seguirle a usted porque será descaradamente obvio que toda su página está creada exclusivamente para obtener beneficios y que a usted no le importa realmente. Aunque solo esté en esto por los beneficios, la gente quiere ver que las caras que dirigen las empresas son apasionadas, interesantes, fascinantes y agradables de mirar y prestar atención. De lo contrario, van a buscar esto en otro lugar y en otra persona y, probablemente, creerán que no es capaz de darles nada de lo que están interesados en recibir.

Después de haber aportado ideas sobre varias industrias en las que estaría interesado en servir, reduzca esa lista a una o dos en las que estaría más interesado en formar parte. Considere aquellas en las que ha estado interesado durante bastante tiempo y que continuará estando interesado para evitar escoger algo en lo que está muy entusiasmado ahora mismo pero que pueda perder el interés según pase el tiempo.

Validar la calidad de su nicho

Una vez haya acotado los temas de sus nichos potenciales a unos pocos temas de interés, puede empezar a validar qué temática de nicho va a ser más probable que le sirva para alcanzar sus metas a través de su negocio en Instagram. Hay algunos criterios que va a tener que seguir para determinar si su nicho deseado es sostenible y digno de su atención. Estos criterios incluyen longevidad, popularidad y rentabilidad.

La razón por la que se estudia la longevidad de un nicho es para determinar si es probable que vaya a continuar creciendo en ese nicho durante un largo periodo de tiempo o no. No debe escoger un nicho que ya ha alcanzado su cúspide, o uno que está atado a una moda que va a desaparecer pasado un tiempo, ya que no conseguirá crear un crecimiento consistente a lo largo del tiempo. Puede validar la longevidad de un nicho con una simple búsqueda en Google. Preste atención a información como: el valor de la industria; el número de personas en la industria y la proyección de rendimiento en los años por venir. Después, fíjese en cómo su nicho específico encaja en esa industria, lo bien que está progresando y la cantidad de dinero que se está gastando en su singular nicho. Por ejemplo, la industria de la belleza tenía un valor de 445 mil millones de dólares en 2018, lo que supone un crecimiento de 180 mil millones de dólares en un año y miles de millones de personas involucradas. Para ser más específicos, la industria del perfume, que es un sub-nicho de la industria de la belleza, tenía un valor de 72 mil millones de dólares en 2018 con un crecimiento de 3 mil millones de dólares en 2018 y cuenta con millones de individuos interesados en comprar perfumes. La tasa de crecimiento prevista para la industria del perfume es de 3 mil millones de dólares al año durante, por lo menos, los siguientes 5 años, lo que demuestra que la industria del perfume sería una industria positiva con excelente longevidad para los próximos años.

La siguiente cuestión a considerar sobre su nicho es su popularidad. Si ha realizado la debida investigación, debería saber si su nicho deseado es popular o no. Lo ideal sería que su nicho tuviera más de un millón de individuos interesados para que sea lo suficientemente popular como para permitirle crecer en él. Si no, puede que sea demasiado pequeño como para que usted pueda crecer lo suficiente y obtener beneficios. Algunos nichos iniciales o industrias completamente nuevas que están surgiendo, pueden merecer la pena si tiene formación en expandir nuevos negocios y si está listo para esperar a que el nicho crezca a lo largo del tiempo. Sin embargo, si no tiene los conocimientos ni recursos para crear un negocio completamente nuevo en un nicho emergente, es mejor que espere a que crezca en popularidad o escoja otro que esté comprobado y sea fiable.

Mientras determina el índice de popularidad de su nicho, investigue el grupo demográfico específico de su nicho para poder determinar si su público objetivo está en Instagram o no. Si su objetivo principal es estar en Instagram y empezar a ganar dinero, no querrá echar por tierra su trabajo al escoger un nicho popular pero que no es grande en Instagram, ya que puede hacerle perder su tiempo en la plataforma.

Por último, necesita decidir lo rentable que va a ser su nicho. Esto es completamente diferente de cómo de rentable puede conseguir que sea el nicho. Simplemente porque un nicho mueva millones o incluso miles de millones de dólares no significa que esté garantizado que consiga sacar provecho y generar un beneficio decente de este. Sin embargo, necesita saber que existe la posibilidad de ser rentable siempre que ponga el esfuerzo por su parte, pero tiene que asegurarse de que hay dinero en ese nicho. Es simple: regrese a la investigación que hizo para determinar el tamaño de su nicho y tome nota de lo grande que es y la cantidad de dinero que circula en este cada año. Si el beneficio incrementa en un rango de varios millones de dólares, puede confirmar que su nicho es probablemente lo suficientemente rentable como para reclamar un puesto y desarrollar su riqueza a través de este nicho. Si la rentabilidad es bastante alta, pero parece que desciende cada año durante varios años, considere evitar este nicho, ya que es probable que esté perdiendo popularidad y ya no sea una buena oportunidad para nuevas personas que quieran entrar en el nicho. Aunque pueda ser capaz de ganar dinero antes de que el nicho se muera completamente, se pondrá en la posición de tener que volver a empezar de cero una vez el nicho se vuelva irrelevante. ¡No querrá perder el tiempo haciendo eso!

Encontrar su nicho en Instagram

Para finalizar, ¡necesita encontrar su nicho en Instagram! Esto es sencillo. Una vez tenga su perfil configurado, simplemente busque un *hashtag* genérico relacionado con su nicho. Por ejemplo, busque #yoga, #bienestar, #abogado, #dentista o cualquier otra cosa relacionada en general con su nicho y empiece a participar en el proceso de comentar e indicar que le gustan las publicaciones que aparecen en estas áreas. En este momento, no se preocupe mucho de ser encontrado o que le sigan, sino en encontrar su nicho y ver lo popular que es en Instagram. Si quiere, puede seguir estos *hashtags* para que se pueda mantener al tanto de su nicho online.

Encontrar y seguir a su nicho en Instagram de esta forma le va a permitir permanecer al día de lo que pasa en Instagram con su nicho. Si está en una industria donde hay muchas nuevas tendencias, esto le permitirá estar al tanto de todas las modas para que nunca se quede atrás ni se vuelva irrelevante a través de su negocio. Incluso si no lo está, puede sorprenderse de la cantidad de nuevas formas de promocionar su marca que se introducen con estos *hashtags*. Nunca es una mala idea seguir a su mercado en Instagram y mantenerse al día para que pueda estar informado sobre las mejores maneras de usar esta plataforma, para su marca o negocio pequeño en crecimiento.

Capítulo 7: Posicionar su marca

Posicionar su marca en Instagram es el paso necesario para poner la cuenta de su marca frente a la gente que tiene que verla e interactuar con usted y sus productos. Cuando usted está en Instagram, su meta es conseguir ventas, por lo que necesita pasar tiempo en los lugares donde es más probable que conecte con gente que quiera comprarle a usted o a su empresa. Esto funciona poniéndose frente a tres públicos principales: sus clientes potenciales, las personas influyentes de su industria y sus principales competidores. Cuando emplea tiempo en seguir e interactuar con estas tres áreas en la plataforma, podrá usar su habilidad para ser encontrado. A partir de ahí, todo lo que tiene que hacer es conseguir que su cuenta destaque para que la gente que se topa con ella se dé cuenta de que han encontrado algo increíble y se sientan inspirados para seguirle y empezar a interactuar con su marca regularmente.

En este capítulo, usted va a aprender sobre lo que necesita hacer para posicionar su marca para ser encontrada y empezar a usar Instagram para conseguir ventas en el mínimo tiempo posible. La creencia de que tiene que tener miles de seguidores para empezar a vender en Instagram, o en cualquier sitio online por ende, es una creencia falsa que mucha gente tiene cuando se adentran en el mundo del *marketing* en Internet. La verdad es: mientras que las personas adecuadas le vean, puede empezar a conseguir ventas de lujo, aunque solo tenga poco más de 100 seguidores, siempre que esté creando el contenido adecuado y poniéndolo frente a la gente idónea.

Saber dónde invertir tiempo en Instagram

Instagram ofrece muchas oportunidades diferentes de interactuar con sus seguidores y empezar a crear una imagen dinámica e interactiva para su marca para que cuando la gente encuentre su perfil, tenga la oportunidad de interactuar con usted de muchas formas. Normalmente, la mayoría de las marcas deberían invertir tiempo en IGTV, historias, publicando contenido e interactuando con el contenido de otra gente. Estas cuatro áreas principales le concederán las mejores oportunidades para empezar a crear un impacto enorme en el menor tiempo posible.

Siempre que está promocionando su marca, especialmente en Internet, debe preguntarse: ¿qué puedo hacer para conseguir el mayor impacto con la menor cantidad de trabajo posible? Idealmente, quiere hacer una cosa que impacte de muchas formas diferentes para poder empezar a contactar a gente de una manera más impactante. Vamos a desglosar cómo usar cada una de las cuatro estrategias mencionadas para maximizar su interacción y aumentar el número de sus seguidores rápidamente y, a la vez, posicionar su marca en el lugar online perfecto para que sus seguidores sean realmente parte de su público objetivo. Vamos a profundizar en cómo utilizar estas estrategias para sacar provecho a sus seguidores y animar a la gente a seguirle en el "capítulo 10: aumentar el número de seguidores"; pero aquí vamos a discutir cómo puede usarlas para conseguir el mayor impacto posible. Si realmente quiere usar estas estrategias, sin embargo, tendrá que combinar el proceso de crear un gran impacto con el proceso de crear contenido que anime a la gente a seguirle para que crezca rápido.

IGTV puede usarse de una forma sencilla: crear un video vertical que aporte inmenso valor y dure entre tres y diez minutos. Mientras lo hace, considere cómo puede atraer a sus seguidores en Instagram, además de cualquier otra plataforma en la que pueda invertir tiempo, como Facebook o Youtube. Después, una vez haya filmado su vídeo, publíquelo en IGTV y comparta el vídeo en sus otras plataformas para que la gente que le siga en estas pueda encontrarlo y obtener valor del vídeo también. También puede embeber el vídeo en un boletín electrónico para que la gente pueda localizarle online y empezar a seguirle, además de recibir su boletín. De esta forma, un solo vídeo puede tener un impacto enorme en alcanzar a su público objetivo online.

Las historias ofrecen una oportunidad más interactiva al estilo *entre bambalinas* para que sus fans empiecen a ver de qué va realmente su marca y forjar una relación más íntima con usted y su empresa. Usted puede usar historias simplemente tomando un par de fotografías relacionadas con su marca a lo largo del día y compartir una o dos palabras sobre lo que está ocurriendo en su vida o la vida de su marca entre bastidores. Otra forma genial de usar las historias es crear breves avances en vídeo (o *teasers*) que ofrecen una oportunidad incluso más interactiva de ver qué está haciendo y qué están creando en su marca. Algunos ejemplos de uso eficaz de historias serían Amanda Frances compartiendo *clips* de 30 segundos de sus últimos vídeos de entrenamiento para animar a la gente a interesarse y comprar el programa oficial de entrenamiento, o Kylie Jenner compartiendo vídeos en blanco y negro de sus nuevos colores de pintalabios para generar expectación.

Las publicaciones fueron las primeras formas de compartir en Instagram, y todavía son increíblemente importantes a la hora de expandir su marca online. Sus publicaciones en Instagram son su oportunidad de crear unas noticias que resulten estéticamente atractivas, y que animen a la gente a querer seguirle y prestar atención a más publicaciones suyas. Normalmente, la gente va a buscar tres cosas en sus publicaciones: el atractivo de la imagen, la cercanía del pie de foto y el valor que les ofrece el pie de foto basado en lo que están buscando. Puede aprender más acerca de cómo hacer publicaciones estéticamente atractivas con pies de foto de alta calidad en el capítulo 8: crear publicaciones. A la hora de sacar provecho de las publicaciones, la mejor forma es simplemente compartir estas publicaciones a través de diferentes plataformas. Sin embargo, si hace esto, asegúrese de revisar los pies de las imágenes y de que sean compatibles con otras plataformas. Por ejemplo, si el pie dice "compre esto en el enlace en la biografía" y comparte esta imagen en Facebook, sus seguidores en Facebook no serán capaces de encontrar su "biografía", ya que lo está compartiendo desde una plataforma diferente. Por esa razón, tendrá que ir a su fotografía en Facebook y ajustar el pie para incluir el enlace con el que la gente pueda visitar la página que usted indicaba en su publicación. De esta manera sus imágenes pueden tener un mayor impacto sin que parezca que está siendo desconsiderado o falso en cada plataforma, o tirando dinero a la basura teniendo a gente interesada pero incapaz de encontrar el enlace al que se refieren en la publicación.

Por último, interactuar con otra gente, como sabe, es una de las mejores maneras de aumentar la participación, ya que le permite ser visto por más gente que está interesada en cosas como las suyas. Cuando interactúa con la gente idónea, puede tener un impacto brutal por ser visto, no solo por la persona con la que interactúa, sino también por todos aquellos que siguen a ese individuo. Por ejemplo, podrá observar que, si hace un comentario en un perfil famoso, empezará a conseguir algunos seguidores que siguen a esa misma cuenta. Esto se puede atribuir a los comentarios que hizo en los perfiles de famosos porque algunos de los seguidores que ganó serán cuentas de admiradores de esos famosos. Mientras que ganar seguidores de esta forma en cualquier industria aleatoria no es efectiva, puede usar esta oportunidad para conectar específicamente con aquellos en su industria, concentrándose en comentar en perfiles de famosos relevantes a su industria. Por ejemplo, si es un astrólogo, comentar en perfiles de astrólogos famosos y dejar observaciones genuinas o palabras de apoyo es una gran oportunidad para que le vean otras personas que prestan atención a estas cuentas también. De esta forma, sus seguidores le ven y se interesan en seguirle a usted también, lo que significa que sus comentarios no solo le ayudan a interactuar con otras cuentas y aparecer más alto en las noticias de estos individuos, sino que también le ayudan a conseguir nuevos seguidores. Es más, cualquiera que les siga a ambos y a estas cuentas famosas, probablemente vea su nombre y su comentario cuando están navegando, ya que a Instagram le gusta mostrar a la gente lo que sus amigos comentan en los perfiles de otros. Así que, cuando vean esta cuenta famosa en sus noticias, verán su comentario en la cuenta, lo que les recordará a usted y su marca. Por tanto, se le puede sacar mucho más partido a estos comentarios que los realizados en cuentas más pequeñas donde seguramente la única persona prestando atención es la dueña de la cuenta.

Crear una presencia que la gente quiera seguir

Cuando está interactuando con Instagram, es indispensable posicionar su marca creando una presencia uniforme que la gente realmente quiera seguir. Tiene que cerciorarse de que las imágenes y mensajes que comparte en su IGTV, historias, perfil y comentarios reflejan lo mismo para que su marca sea coherente. Cuando la gente puede esperar consistencia por parte de su marca, saben que es de fiar y que es una marca positiva con la que interactuar.

Si ya tiene una marca, lo más probable es que ya tenga una idea de lo que es la consistencia y por qué es importante que su imagen de marca y mensaje se mantengan consistentes sin importar el lugar donde comparten contenido. En este caso, su meta debería ser adaptar la imagen de marca existente para encajar en Instagram para que su perfil permanezca fiel a los valores fundamentales de su marca, pero relevantes a los valores fundamentales de Instagram y la gente que pasa tiempo en la plataforma. Si pusiese su perfil de Instagram al lado de cualquier otro perfil que tenga online o plataforma que use offline, el mensaje y la estética general deberían ser consistentes mostrando que usted es la misma marca que estos individuos conocen y aman. De esa forma, la gente puede reconocerle inmediatamente, y no se confunden sobre quién es usted o qué es lo que ofrece porque se mantiene uniforme a lo largo de todas las plataformas.

Si es una marca completamente nueva, va a tener que crear una imagen general que pueda sostener en Instagram para que pueda ser consistente. La mejor forma de hacer esto es crear un muro de inspiración y una declaración de principios para que pueda usarlos como base para todo lo que vaya a publicar en su plataforma. Los muros de inspiración o muros de imágenes, que constan de diferentes imágenes, colores y fuentes, se usan para generar una estética general de lo que le gustaría que pareciese su marca en Instagram. Puede crear un muro de inspiración en cualquier plataforma de edición de fotografía como Canva o Pic Monkey, y usarlo para verificar todas sus imágenes. Si las imágenes elegidas parece que encajan perfectamente en su muro de inspiración, entonces sabe que encajarán perfectamente en su página web. Si las imágenes seleccionadas parecen fuera de lugar, va a tener que adaptarlas para asegurarse de que son coherentes con su estética general. Se puede hacer lo mismo con su declaración de principios. Si la publicación claramente se asemeja a los mensajes fundamentales recogidos en su declaración de principios, entonces sabrá que están en línea con la marca y se reflejará en su público objetivo. Si su publicación está fuera de esta declaración, tendrá que ajustarla para cerciorarse de que refleja los valores y los principios de su marca con exactitud.

Posicionarse como el experto

Lo último que tiene que hacer para posicionar su marca online de verdad es asegurarse de que se posiciona como el experto en la plataforma. Tiene que estar seguro de que cuando la gente vea su cuenta, sepan que es una eminencia, la persona a la que acudir, porque claramente sabe de lo que está hablando y puede ayudarles con lo que necesitan saber. Puede posicionarse como el experto usando publicaciones que ejercen autoridad, experiencia y credibilidad. Deje claro a través de su lenguaje, mensaje, e incluso su postura en su imagen, que es alguien seguro de sí mismo y que claramente sabe de lo que está hablando. De esta forma, la gente puede confiar en que lo que está compartiendo con ellos es honesto y lo suficientemente de confianza como para seguirle a usted y su mensaje.

Como ya aprenderá en el capítulo 8, uno de los mayores errores que la gente comete cuando está en Instagram es crear publicaciones sin fundamentos o sin autoridad ni credibilidad. No debe publicar continuamente preguntas o cosas que le hagan parecer que no sabe de lo que está hablando o como que puede que no sea la persona a la que confiar sus necesidades. Por ejemplo, si es un asesor o asesora financiera, hablar de sus propias penurias financieras puede indicar que no es de confianza o que es incapaz de manejar sus finanzas lo suficientemente bien como para encargarse de las de sus clientes eficazmente. Sin embargo, si habla de problemas que tuvo en el pasado y eficientemente cierra el asunto con una lección que prueba que estos problemas son parte del pasado y ahora sabe lo suficiente como para ayudarse no solo a sí mismo sino a otros también, puede merecer la pena hablar de ello. Aun así, deberá tener cuidado con la forma de expresarse para evitar que parezca que se relega de una posición de autoridad al revelar que no solía ser bueno en lo que ahora declara que es un experto.

Capítulo 8: Crear publicaciones

Sus noticias suponen alrededor de un tercio de sus oportunidades para compartir contenido a la hora de poner su marca frente a su público. Los otros dos tercios se dividen equitativamente entre IGTV y las historias de Instagram, y ambas se merecen la misma atención al detalle que sus publicaciones. En este capítulo va a aprender a crear poderosas publicaciones que le van a ayudar a atraer nuevos clientes a su perfil para que pueda optimizar el alcance y exposición de su marca.

A la hora de publicar en IGTV o en historias, debería seguir los mismos pasos para asegurarse de que todo su contenido se mantiene consistente y en línea con la marca. Se habrá dado cuenta de que en cada área en la que hemos discutido cómo crear publicaciones para sus noticias, también hemos hablado sobre cómo adaptar estas "reglas" particulares a sus historias e IGTV también. De esta forma estará creando contenido poderoso para las tres áreas donde tiene la mejor oportunidad de ponerse frente a su público objetivo y crear contenido potente y cargado de significado para aquellos que le están siguiendo o le acaban de encontrar.

El ingrediente principal: sus imágenes

El ingrediente principal de sus publicaciones en Instagram, sin importar dónde lo está compartiendo, es su imagen. Sus imágenes son la primera cosa a la que la gente va a prestar atención cuando lleguen a su perfil para determinar si quieren seguirle o no, ver más de lo que tiene que ofrecer e interactuar con su marca o no. Si quiere aprovechar al máximo su participación, necesita crear imágenes que van a evitar que la gente pase de largo, que sigan prestándole atención por unos momentos y, con suerte, hagan clic en su perfil para saber más sobre usted.

En sus noticias, todas sus imágenes tienen que mantenerse atractivas y consistentes. La mayoría de la gente organiza sus imágenes para que formen un tema o una apariencia uniforme a lo largo de su perfil para que puedan tener esa imagen estéticamente atractiva que la gente tiende a buscar en Instagram. Usted puede crear su propia imagen estéticamente atractiva en sus noticias siguiendo el muro de inspiración de su marca, como mencionamos en el capítulo 7, así como creando su propia temática y cerciorándose de que sus imágenes encajan perfectamente con esta. Si quiere un tema de publicaciones específico que cree una imagen visual, como alternando entre compartir citas e imágenes o *selfies*, considere mirar los perfiles de su competencia y ver cómo están diseñando sus noticias. De esta forma, puede hacerse una idea de la apariencia que le gusta más y cuál le gusta más a su público en común, permitiéndole crear una temática de gran impacto.

Además de asegurarse de que su fotografía encaja con la estética general de sus noticias y su marca, también necesita estar seguro de que su fotografía es de alta calidad. Si puede, retoque ligeramente la imagen para que siga pareciendo natural, pero creando un aspecto más profesional o de mayor calidad. Cuanto más hermosas sean sus imágenes, más probable será que la gente preste atención a sus noticias y decida seguirle, así que, desde luego, merece la pena invertir tiempo en crear una imagen que sea muy atrayente. Si no es un editor o editora profesional, recuerde las dos aplicaciones mencionadas previamente que se pueden descargar directamente en su teléfono. Lightroom CC y Face Tune Lite son dos aplicaciones geniales que se pueden usar para crear retoques de aspecto natural sin demasiado esfuerzo por su parte. Recuerde: no retoque las imágenes en exceso o empezarán a parecer extrañas, y la gente no querrá seguirle porque será evidente que está abusando de la edición en sus imágenes, resultando hortera y poco interesante. A la gente le gusta lo natural y lo auténtico, aunque esté retocado mínimamente para crear una imagen más atractiva en general.

Mirando a través de los ojos de su público

Cuando está creando sus publicaciones, desde su imagen a su pie de foto, asegúrese de mirar a través de los ojos de su público y considere lo que van a ver y captar de sus publicaciones. Su público normalmente prestará atención a dos cosas principalmente: lo atrayentes que sean y el valor que pueden obtener de estas publicaciones en tiempo reducido. Esto significa que tiene que crear una imagen que les atraiga y les merezca la pena prestarle atención, y un pie que ofrezca un inmenso valor sin que requiera mucho esfuerzo obtener ese valor por parte de su audiencia.

Cada vez que empiece a crear una publicación, empiece por preguntarse a sí mismo qué querría ver su público en ese momento y qué es relevante para este según lo que está buscando. Entonces, según continúa con el proceso creativo, mantenga a su público en mente. Compruebe que cada parte de su publicación está creada para ellos para que sea más probable que realmente lean e interactúen con lo que ha compartido con ellos.

Tomar, encontrar y elegir sus imágenes

Si está construyendo una cuenta para su marca, puede que se pregunte de dónde va a sacar todas las imágenes. Teniendo en cuenta que debería subir entre una y tres imágenes cada día, puede que se abrume al pensar que tiene que tomar y editar todas estas fotografías cada día. La verdad es que no tiene que hacerlas o editarlas diariamente, ni siquiera tiene que hacer las fotos usted para poder usarlas en su cuenta de Instagram. De hecho, hay muchas formas en las que puede acumular contenido para su cuenta sin tener que planificar sesiones de fotos todos los días y después editarlas para su perfil.

Normalmente hay cuatro maneras en las que la gente crea contenido para Instagram: sacar sus propias fotos; compartir fotos; usar fotos de archivo, o crear imágenes de citas. A continuación, explicaremos con más detalle estos cuatro tipos de contenido, además de cómo acumular mucho contenido invirtiendo poco tiempo.

Tomar sus propias fotografías

Sacar fotografías no tiene por qué llevar mucho tiempo o ser complicado. En realidad, ni siquiera necesita tener experiencia profesional manejando cámaras para empezar a tomar fotos fantásticas para su perfil de Instagram. La forma más sencilla de empezar a hacer fotos para Instagram es pensar sobre su marca. Considere qué parte de su vida diaria encaja con su marca y tome algunas fotografías de esa parte de su día.

Otra forma genial de acumular fotos en línea con su marca es tomar fotos de más siempre que se encuentre en un ambiente que refleje su imagen. Por ejemplo, si es un viajero o viajera, tome varias fotos cuando esté haciendo senderismo, en aviones o comiendo en restaurantes nuevos para así tener una plétora de fotografías para compartir en su perfil. De esta forma, no necesita sacar fotos nuevas diariamente ni asegurarse de que está siempre en ambientes en línea con su marca porque ya tiene una reserva de imágenes para usar si alguna vez las necesita.

Compartir fotos

En Instagram, una herramienta muy poderosa que las marcas pueden usar es compartir fotografías de otras personas. A esto se le llama usar "contenido generado por usuarios", que básicamente significa usar fotografías tomadas por sus seguidores relacionadas de alguna forma con su marca. Normalmente, las marcas harán esto cuando uno de sus seguidores comparta algo y etiquete a la marca, ya que es una forma fantástica de mostrar sus productos o servicios siendo usados por gente alrededor del mundo. Algunas marcas que recurren a esta técnica son Starbucks o Tim Hortons, donde usan mucho contenido generado por usuarios para alardear de cómo sus fans disfrutan de sus cafés en todas partes. Al principio, puede que no pueda usar mucho contenido generado por usuarios, pero según continúe creciendo y trabajando con *influencers*, esto será más sencillo para usted.

Imágenes de archivo

Las imágenes de archivo son otra forma excelente de acceder a fotografías sin tener que hacerlas usted mismo. Hay infinidad de imágenes de archivo de uso libre en páginas web como Unsplash o Negative Space, así como imágenes de pago disponibles en plataformas como iStock o Adobe Stock. Puede decidir si quiere pagar o no por sus fotografías, ya que tanto las fotografías sin derechos de autor como las de pago tienen cada una sus ventajas dependiendo de lo que esté buscando. La ventaja obvia de las fotografías de uso libre es que son gratis, lo que significa que puede acumular varias y usarlas sin tener que preocuparse por el precio. Sin embargo, estas imágenes tienden a usarse frecuentemente, así que es más probable que acabe publicando imágenes que otras marcas ya han usado, haciendo que la suya resulte menos original. Aun así, puede utilizarlas para organizar unas noticias increíbles, y en la mayor parte de los casos, a sus seguidores probablemente no les importe. Por otro lado, es menos probable que la población normal use imágenes de archivo de pago, de manera que, si paga por sus fotografías de archivo, tiene menos probabilidades de tener imágenes repetidas. Además, las páginas web con imágenes de archivo de pago tienden a tener fotografías de mayor calidad y una variedad mucho más amplia de fotografías para usar en su plataforma. Tendrá que decidir qué ruta le ofrece más ventajas y partir desde ahí para asegurarse de que consigue el mejor trato posible.

Imágenes de citas

Otra forma común de imagen que verá en Instagram son las imágenes de citas, que es mejor si las crea, para así poder usar los colores y fuentes de su marca, además de añadir su logotipo si lo desea. Las citas en Instagram deberían usarse con moderación o, por lo menos, compensadas con fotografías de caras; no obstante, ofrecen la oportunidad de añadir contenido y valor extra para su público. Además, son fáciles de crear, no requieren organizar una sesión de fotos y se pueden compartir en otras plataformas también. Puede usar plataformas como Canva o Word Swag fácilmente para crear imágenes de citas para su página web. Ambas tienen opciones gratuitas y de pago para que las aproveche dependiendo de lo que está buscando.

Transmitir el mensaje

Cuando está publicando en Instagram, va a tener que asegurarse de que su mensaje se escribe de forma que sea realmente tangible para la gente que está prestando atención a lo que publica. En Instagram, por lo general, los pies de foto largos o farragosos no resultan interesantes a la gente que está intentando atraer, así que va a tener que cerciorarse de que se toma su tiempo para encontrar la forma de decir cosas con la menor cantidad de palabras posibles. Por ejemplo, en vez de decir "Tenemos unas rebajas geniales este fin de semana en nuestro local de Vancouver. ¡Puedes encontrar montones de precios al rojo vivo en zapatos y bolsos nuevo!¡Ven a nuestra página web para un adelanto de todos los detalles!" podría decir, "¡Rebajas en el local de Vancouver este fin de semana!¡Zapatos, bolsos y más!¡Pulsa en #enlacenelabiografia para más detalles!". Esto es claramente más corto, va al grano y asegura que su público tiene más posibilidades de seguir su propuesta de actuación de visitar su enlace porque ha suscitado su interés.

Si está planeando ofrecer un mensaje con un vídeo, tendrá que considerar la mejor forma de hacerlo. Si tiene un mensaje corto que dura menos de un minuto, puede transmitir el mensaje a través de sus historias diciendo rápidamente lo que está pensando en una historia. Si tiene un mensaje más largo que compartir, siempre puede compartirlo con un vídeo en directo si no le importa que sea borrado en 24 horas, o en IGTV si quiere que permanezca durante más tiempo. De forma alternativa, puede considerar crear un vídeo de 60 segundos o menos y compartirlo en sus noticias si está en línea con su imagen y potenciará el estilo de sus noticias.

La gran clave con Instagram es mantener siempre sus mensajes llamativos y al grano. A la gente en esta plataforma les gusta ser maravillados por el nuevo contenido que ven y leen, de manera que tiene que destacar entre la multitud. Tiene que seguir siendo enérgico, interesante y próximo para que su público le preste atención.

Dicho esto, también tiene que procurar incorporar suficiente valor en sus publicaciones para que valga la pena leerlas y seguir su llamada a la acción. Puede animar a la gente a leer y obtener ese valor usando el mismo idioma que su público usa: describiendo cosas de forma que les permita asociar cognitivamente su marca con algo, como un sentimiento, y usar llamadas a la acción que estén tanto claras como ocultas. Sí, en muchos casos, ocultar su llamada a la acción es una gran forma de asegurarse de que se encuentra ahí, pero de que no llama la atención de forma que parezca que está intentando llevar a todos sus clientes por su proceso de ventas en cada publicación. Puede incorporar una llamada a la acción secreta diciendo cosas como "¿No son adorables estas gafas de sol de ojo de gato? ¡Nuestros diseñadores se han superado!" mostrando a su público que está entusiasmado con las gafas de sol que acaba de sacar. Si les gustan las gafas también, probablemente vayan a su página para ver si pueden encontrarlas a través de su enlace para conseguir también un par.

Como alternativa, puede utilizar un enfoque diferente donde hace referencia a un programa o servicio que ofrece a través de una descripción que está compartiendo. En este caso, puede ofrecer un extracto de información o consejo gratuito haciendo referencia a un programa donde ofrece información similar y después concluir su punto. Por ejemplo: "Tres pasos para dominar la ley de la atracción. Hablamos más a fondo en mi Clase maestra de manifestación, pero los pasos fundamentales son:" y a continuación termina con los tres pasos. Esto le da a los lectores valor inmediatamente y también hace referencia a un programa que quiere que vean si desean más información sobre el tema. A través de este tipo de llamada a la acción, usted ha creado interés en su oferta e implantado en la mente de su público la idea de investigarlo, sin pedirles expresamente que vayan a verlo. De esta forma, la gente no se siente excesivamente expuesta a publicidad en su página y es más probable que continúen siguiéndole y mirando sus ofertas.

Usar *hashtags* de forma eficaz

Sus *hashtags* son un elemento extremadamente importante de sus publicaciones, ya que le ofrecen la oportunidad de ser visto por gente que no le está siguiendo todavía. Necesita utilizar *hashtags* de forma eficaz para asegurar que la gente que tiene que ver su perfil efectivamente le vea, ampliando al máximo su visibilidad y, como resultado, aumentando al máximo el número de seguidores posibles.

Hay dos formas de encontrar *hashtags* para ayudarle a conectar más con su público objetivo. Una forma incluye investigación dentro de la aplicación, y la otra requiere usar una aplicación de terceros. Abajo analizaremos ambas formas.

Investigación dentro de la app

La investigación dentro de la aplicación se puede hacer en Instagram buscando palabras clave relacionadas con su nicho y yendo después a sus páginas. Por ejemplo, si busca "salud" en la barra de búsqueda y después va a la página "#salud", tendrá la oportunidad de empezar a encontrar algunos *hashtags* geniales relacionados con el mundo de la salud para usar en su perfil. Una vez esté en la página de #salud, sabrá lo popular que es el *hashtag*, las fotografías que han sido vinculadas a él y *hashtags* similares usados por gente en Instagram. Aquí debe hacer tres cosas. Si el *hashtag* que buscó es extremadamente relevante para su nicho, anótelo y guárdelo en un documento para que pueda acceder a él más tarde. Después, revise los *hashtags* relacionados y empiece a seleccionarlos para ver el número de seguidores que tienen. La mayoría de los *hashtags* que usará deberían tener entre 50.000 y 500.000 seguidores ya que asegura que son grandes, pero no tan grandes como para que vaya a ser enterrado bajo nuevas publicaciones si los usa. Los *hashtags* con millones de fotografías vinculadas reciben nuevas fotografías cada pocos segundos, de manera que su fotografía será básicamente sepultada por otras fotos en solo unos pocos minutos. En las más pequeñas, aunque se usan y buscan frecuentemente, no se usan en una proporción tan alta como para ser enterrado por sus competidores.

Una vez haya escrito todos estos *hashtags*, puede empezar a investigar a los principales publicadores que usan los *hashtags* en su lista y ver qué más etiquetan en sus fotografías. Intente encontrar cuantos más *hashtags* relevantes posibles relacionados con su nicho. Puede utilizar hasta 30 *hashtags* por publicación, pero no use los mismos una y otra vez, o tendrá problemas para contactar con nuevos miembros de su público. En cambio, debería mezclarlos, usando entre 60 y 120 hashtags que puede intercambiar en cada post para estar seguro de que siempre se dirige a nuevas áreas de su público.

Aplicaciones de terceros

Las aplicaciones de terceros son otra gran forma de encontrar *hashtags* relevantes para su negocio y usarlos para sus publicaciones. Aplicaciones como PLANN e Iconosquare tienen funciones que permiten investigar los *hashtags* relevantes para su negocio y compilarlos en listas que puede usar cuando esté publicando en su página de Instagram. En estas aplicaciones, simplemente teclee una palabra clave relevante para su negocio o industria y le devolverá una lista con varios *hashtags* que puede usar para sus fotografías. PLANN, en particular, es una aplicación genial porque ofrece especificaciones en sus listas que muestran la frecuencia de uso de los *hashtags*. Los *hashtags* subrayados en verde se usan moderadamente, asegurando que su imagen será probablemente vista, y los *hashtags* subrayados en azul oscuro o rojo se usan demasiado y debería evitarlos. El azul claro indica que el *hashtag* no se usa a menudo, aunque si se usa más de 50.000 veces, debería considerar usarlo igualmente para ayudar a que su foto sea vista con más frecuencia.

Usar hashtags correctamente

Según dónde publique su imagen tendrá que ajustar el uso de los *hashtags*. Si publica el *hashtag* en su página, debería escribirlos en una nota antes de publicar su foto para que inmediatamente pueda publicarlos en el primer comentario de su imagen. Es mejor hacer esto en vez de publicarlos en el pie de foto con el resto del texto porque de esta forma el pie de foto queda limpio y separado de la lista de *hashtags*. Algunas personas usan varios puntos y espacios para poner los hashtags en la parte inferior del pie de foto, pero esto da un aspecto desordenado y molesto y puede restar a la imagen profesional de su página. Al ponerlos en la sección de comentarios, su foto resultará atractiva y profesional.

Si está publicando una historia, también puede usar uno o dos *hashtags* en su historia para ayudar a que la vea la gente que está siguiendo ciertas historias. De esta forma, es probable que más gente, aparte de sus seguidores, vean su historia, lo que significa que añade una forma más de ser localizado en Instagram. También puede usar *hashtags* en las descripciones de los vídeos en directo y en los vídeos de IGTV para ser encontrado más fácilmente, aunque puede que no sean tan efectivos en estas plataformas, así que use solo un par para evitar sobrecargar las descripciones.

Crear un horario de publicación

En Instagram, puede ser extremadamente útil crear un horario de publicación para determinar cuándo publicar en Instagram. La mayor ventaja de los horarios de publicación es que los puede ajustar a sus momentos de actividad más populares en Instagram para asegurar que sus publicaciones tengan la mayor tracción posible de forma inmediata, lo que ayuda a ganar tracción a largo plazo también. Otra gran ventaja de usar horarios de publicación es que, una vez que establece el horario, sabe exactamente cuándo tiene que publicar cada día, sin necesidad de conjeturas ni intentar encajarlas con su calendario diario. Simplemente anótelo basándose en sus tiempos más populares.

La mejor forma de crear un horario de publicación es mirar en sus estadísticas para empresas de Instagram o una aplicación de terceros, que le dirán los momentos óptimos para publicar en su cuenta. Durante las tres o cuatro primeras semanas, publique aleatoriamente a lo largo del día sin ningún horario específico, intentando publicar a diferentes horas cada día. De esta forma, su *app* puede utilizar una gran información diversa para que el análisis que le ofrezca de los horarios más populares de su cuenta sea preciso. Una vez haya acumulado sus mejores horarios de publicación en sus gráficas de análisis, puede empezar a publicar basado en estos tiempos.

Si realmente quiere aprovechar sus estadísticas y horarios de publicación, empiece a interactuar con sus seguidores y algunos de los *hashtags* que utilizará en sus publicaciones alrededor de una hora antes de publicar algo. Debería participar periódicamente a lo largo del día, pero al incrementar su interacción saliente a esa hora, aumenta la popularidad de su perfil, lo que significa que es más probable que Instagram muestre su nueva publicación a la gente con la que está interactuando. Dicho de otro modo, el algoritmo de Instagram piensa "ustedes estaban interactuando y teniendo una conversación en otra publicación. ¡Seguro que esta persona estaría interesada en ver su nueva publicación!". Por supuesto, el algoritmo de Instagram no tiene pensamientos humanoides, pero puede hacerse una idea de cómo funciona la tecnología IFTTT (si ocurre esto, haz esto otro) del algoritmo para que pueda empezar a usarla para obtener mayor popularidad en la plataforma.

Reducir los tiempos de publicación

Por último, si no quiere tardar mucho tiempo en tener disponibles sus publicaciones en Instagram, hay algunas formas de reducir los tiempos de publicación para que no emplee horas cada día participando y creando publicaciones para que pueda conectar con este segmento de su público. La mejor forma de reducir sus tiempos de publicación es usar un calendario programable, como los de PLANN o Iconosquare, o incluso simplemente creando y guardando publicaciones como borradores. Puede crear contenido por adelantado para unos cuantos días, incluso imágenes, pies de foto y *hashtags* y después programar su publicación automática a lo largo del día. Si las tiene guardadas como borradores, puede establecer un recordatorio en su teléfono y volver a la aplicación para lanzar la publicación cuando vea la alarma. Si elige este método y decide mantener los *hashtags* separados en los comentarios, asegúrese de establecer recordatorios en su teléfono para copiar y pegar el grupo de *hashtags* en su última publicación para que la vean. Al fin y al cabo, no tiene sentido realizar el esfuerzo de programar sus publicaciones si se olvida de incluir sus *hashtags* y que prácticamente nadie las vea.

Capítulo 9: Evaluar su competencia

En Instagram, la tendencia de que cada vez haya más pequeñas empresas en esta red social significa que cada vez hay más competidores que van a usar la plataforma junto a usted. Algunas personas en su nicho sacarán provecho a la plataforma y conseguirán nuevos seguidores y clientes de forma satisfactoria, mientras que otros van a tener problemas y finalmente fracasar en el uso de la plataforma, haciendo un esfuerzo en balde. Usted, obviamente, quiere estar en el primer grupo de personas que se dirigen hacia el éxito y avanzan en las clasificaciones en Instagram para poder ganar el mayor número de seguidores y crear un impacto con su cuenta.

Una parte de hacer crecer su cuenta y tener éxito con Instagram es saber cómo evaluar a su competencia y sacar provecho de la información que saque "espiando" para incrementar su crecimiento. Los pasos en este capítulo van a enseñarle cómo seguir y espiar de forma ética a su competencia y usar su crecimiento e información para beneficio de su propio crecimiento.

Encontrar a su competencia en Instagram

El primer paso, que no es muy complicado, es encontrar a la competencia en Instagram. Encontrará a su competencia de la misma forma que encontró a sus seguidores, ya que, como usted, sus competidores querrán pasar mucho tiempo cerca de su público común. Una forma genial de encontrar a su competencia es ir a sus *hashtags* específicos de su nicho y empezar a buscar a la gente a la que le gusta las publicaciones que se comparten. Esos "me gusta" incluirán a negocios que están concentrándose en el mismo público que usted, de manera que lo único que tiene que hacer es desplazarse entre estos e identificar a los individuos que claramente dirigen páginas de negocios y empiece a revisar su contenido. Ahora, depende de usted cómo quiera hacer esto. Puede seguir a sus competidores, o simplemente puede visitar sus páginas de forma regular. Normalmente, es más fácil simplemente seguir a su competencia para que pueda verlos en sus noticias y mantenerse al tanto con lo que están haciendo de forma más sencilla.

Preferiblemente, debería seguir a entre 10 y 15 de sus competidores para poder ver una abundante gama de público de su competencia. Cerciórese de seguir a competidores que estén en su mismo nivel de negocio, así como algunos que estén ligeramente por delante de usted, y unos que estén donde quiere que esté su negocio. De esta forma, puede ver una amplia variedad de lo que funciona en cada etapa de los negocios, y puede empezar a adaptar las estrategias eficaces de cada etapa a sus métodos para aspirar a crecer nada más empezar.

Espiar a su competencia de forma ética para conseguir inspiración

Cuando espía a su competencia para conseguir inspiración, la clave es hacerlo de manera que no parezca sospechoso ni a escondidas. En Instagram, la forma más fácil de hacerlo es interactuar con su competencia y crear relaciones reales con ellos también. Instagram es una comunidad social, y al crear relaciones, muestra que espera resultados positivos para todos en la industria, no solo para usted. Le pueden gustar e interactuar con las fotografías de otras personas que son parte de su competencia, siempre que no publique nada deshonesto que haga parecer que está intentando robar a su público. Por ejemplo, si es una marca respetuosa con el medio ambiente y su competencia publica sobre pajitas ecológicas, en vez de comentar "¡Bien, nosotros acabamos de recibirlas!" publique "¡Nos encantan también!". De esta forma está mostrando su apoyo, pero no está intentando descaradamente llevarse su público para que vayan a su página.

Además, si consigue inspiración de sus competidores, asegúrese de adaptarla de forma que encaje con su marca y no parezca que está realizando grandes esfuerzos por copiar su estrategia al pie de la letra. No debe imitar completamente lo que hace otra marca o copiar directamente otra marca, ya que resulta obvio y hace que su marca parezca falsa e incluso una estafa o fraude en vez de una marca real. Use la inspiración en otros para crear un enfoque único, puesto que le permite sacar provecho de nuevas estrategias mientras se mantiene original a su marca.

Otra forma potente de espiar a su competencia y obtener más información de lo que está en la superficie es echarle un vistazo a través de *apps* como PLANN. Estas aplicaciones le permiten, tras teclear el nombre de usuario de su competidor en una barra de búsqueda, ver sus imágenes y *hashtags* más populares y su paleta de colores para que pueda apreciar una instantánea mejor de la marca de su competencia. ¡Esta es una forma fantástica de obtener inspiración en profundidad para sacar provecho del éxito de su competencia para crear el suyo propio!

Cómo utilizar la información que encuentre

La mejor forma de tomar la información que obtenga de su competencia y ponerla a trabajar en su marca es pasar un tiempo cada semana revisando los perfiles de sus competidores y hacerse una idea de lo que hacen en cuanto a *marketing*. Preste atención a sus últimas tendencias, lo que dicen, cómo son sus publicaciones más populares, y qué rebajas u ofertas nuevas tienen en su negocio esa semana. De esta forma, puede acumular la información de forma regular y empezar a prepararla para incorporarla en sus estrategias de *marketing*.

Una vez haya identificado las tendencias y nuevas estrategias usadas, puede empezar a destacar las tendencias que parece que funcionan o atraen más atención al perfil de su competencia. Después, considere cómo puede usar esas estrategias en su negocio de forma que estén en línea con su público y su marca mientras que le siguen dando la oportunidad de sacar provecho del crecimiento y éxito de estas nuevas estrategias. Por ejemplo, si su competencia ha estado subiendo más citas recientemente y descubre que están captando la atención, puede empezar a subir más citas a su perfil también. Sin embargo, no copie directamente las mismas citas de la página que usa su competidor; en vez de eso, intente utilizar citas originales que reflejen su marca y su imagen sin que parezca que está copiando directamente a su competencia. De esta forma, puede empezar a optimizar su crecimiento con estrategias que le funcionan a su competencia, sin parecer un imitador ni un timo de marca.

Capítulo 10: Conseguir más seguidores

Tal vez la parte más importante de estar en Instagram es aumentar su número de seguidores para tener un público al que promocionar su marca. Aunque todo este libro ha contribuido de una manera u otra a su habilidad para conseguir más seguidores y aumentar su alcance, todavía hay varias cosas que puede hacer para hacer crecer su cuenta de Instagram de verdad y empezar a ver tasas de participación más altas. En este capítulo va a descubrir lo que se necesita para aumentar el número de seguidores y empezar a triunfar a través de su cuenta de Instagram.

Motivar la participación en su página

Lo primero que puede hacer para empezar a aumentar el número de seguidores es motivar a la gente a interactuar con usted en su página. Recuerde, el algoritmo de Instagram favorece a las cuentas que participan en las páginas de otros, lo que significa que, si puede conseguir que sus seguidores empiecen a interactuar más con usted, puede estar seguro de que van a empezar a ver más contenido suyo también. Puede animar la participación de dos formas: interactuar con otros y pedir la participación de sus seguidores.

Cuando interactúa con la gente que le sigue de forma regular, se sienten más inclinados a interactuar con usted en sus publicaciones porque empiezan a sentir que se desarrolla una relación. El respaldo continuo entre usted y su público se convierte en una parte regular de su relación. Cuando hace un esfuerzo extra por repasar su lista de seguidores y contactar con ellos, usted está rompiendo el hielo, lo que les hace sentirse más cómodos y comprometidos con usted y su marca. Puede hacer esto revisando su lista de seguidores regularmente y pulsando en cuentas aleatoriamente y participar en su contenido. Dejar algunos comentarios sinceros e indicar que le gustan algunas de sus publicaciones recientes es una gran oportunidad de empezar a interactuar con la gente e inspirar a que ellos hagan lo mismo con usted la próxima vez que vean su contenido.

Según publica contenido, puede pedir la participación de la gente diciendo cosas como "¡Nos encanta el verano! ¿Y a ti?", animando a la gente a contestar "Sí" u otra cosa en su foto de perfil. También puede incrementar la interacción escribiendo pies de foto que digan cosas como: "¡Comenta tu _____ favorito!" o "¡Etiqueta a un amigo al que le encantaría esto también!". Al pedir a sus seguidores que participen en su contenido de esta manera les ayuda a romper su proceso de desplazarse por la plataforma de forma mecánica y, en su lugar, escoger interactuar con su contenido.

Otra forma genial de motivar la participación es organizar rifas en su página, lo que le permite establecer reglas que requieran que los individuos interactúen con su publicación para poder entrar en el sorteo. A menudo, las empresas deciden los premios del sorteo y después establecen los requisitos para que las personas puedan participar, como, por ejemplo: "¡Síguenos, etiqueta a un amigo y comparte esta publicación en tus historias para entrar en el sorteo!". Después, dejarán que la rifa siga activa durante un tiempo para experimentar la máxima interacción con sus seguidores. Este tipo de comportamiento impulsa la participación en esa publicación, pero le ayudará a aumentar la interacción también en el resto de sus publicaciones. Obviamente no quiere organizar demasiados sorteos, pero dos o cuatro al año son suficientes, y es una forma fantástica de interactuar con más seguidores.

Actualizar regularmente la lista de cuentas seguidas

Las personas y *hashtags* que sigue son los que llenan su pantalla de inicio, lo que le permite ver imágenes que la gente que sigue comparte de forma regular. Asegúrese de actualizar periódicamente su lista de cuentas seguidas de forma que vea únicamente a la gente que está realmente asociada con su marca y posicionamiento. Puede sentirse inclinado a seguir intereses personales en Instagram, pero normalmente es mejor reservarlo para cuentas personales privadas en vez de cuentas comerciales. Querrá cerciorarse de que su tiempo recorriendo sus cuentas seguidas se emplee invirtiendo en el crecimiento de su negocio para que, a la larga, sea productivo.

Puede actualizar su lista de perfiles seguidos revisándola y dejando de seguir a todo aquel que no tiene sentido para su marca. De esta forma, no estará viendo contenido completamente irrelevante para usted ni seguirá cuentas que probablemente no le producirán ningún rendimiento de su interacción. Solo puede seguir y dejar de seguir 60 cuentas en una hora, así que tómese su tiempo en esto y hágalo regularmente para que no tenga que hacer muchos cambios a su cuenta de golpe. Debería hacer esto semanalmente para mantenerse relevante en su industria y ver las últimas tendencias y personas en alza.

Una vez haya dejado de seguir a todo aquel que no sea relevante para usted, puede revisar sus *hashtags* más populares en busca de nuevos *hashtags* o seguidores a los que prestar atención mediante las principales publicaciones en estas búsquedas. De esta forma puede empezar a seguir a nuevos usuarios que pueden ayudarle a conseguir más atención para su cuenta cada vez que usted participe en su contenido o interactúe con ellos. Además, cuando sigue nuevos *hashtags* que son tendencia en su nicho, puede empezar a utilizarlos en sus fotografías para que usted siga siendo relevante también. Este tipo de investigación crea dos poderosas oportunidades de crecimiento en una sola acción, así que merece la pena prestarle su atención y tiempo regularmente.

Decir lo correcto en el momento correcto

En Instagram, necesita cerciorarse seriamente de que dice lo correcto en el momento correcto. Al publicar el contenido correcto en el momento correcto, puede asegurar que se mantiene relevante y que su contenido refleja lo que a su público le está pasando o está pensando para que probablemente preste atención e interactúe con su contenido. La forma más fácil de decir lo correcto en el momento correcto en Instagram es seguir a su público y tomar buena nota de las últimas tendencias, preocupaciones y asuntos que puedan surgir a los que la gente esté prestando atención. Por ejemplo, si está en la industria del *blog* y escribe sobre la actualidad de los famosos, querrá mantenerse al tanto de todas las tendencias y cotilleos y escribir sobre ellos en cuanto les haya echado el ojo. Lo mismo pasaría con cualquier industria en la que está usted. El momento en el que ve una tendencia o tema apareciendo en su industria, tiene que apuntarse al carro, personalizar la forma de compartirla según su marca exclusiva y ofrecerla lo antes posible.

Además de seguir modas inesperadas que surgen en su industria, también necesita seguir tendencias anticipadas como días festivos o eventos programados que sean relevantes para su público. Por ejemplo, si está en la industria de la moda, debería prestar atención a eventos de moda populares como la semana de la moda o el desfile de Victoria's Secret. Si está en la industria tecnológica, estar al tanto de los lanzamientos de los últimos dispositivos y eventos importantes en esta industria como el evento anual E3. Este tipo de eventos ocurren de forma constante, y son de gran ayuda para que siga siendo relevante en su industria al seguir la información publicada por las personas que dirigen la industria como *influencers* y desarrolladores.

Es importante que evite hablar de cosas fuera de temporada o de lugar, ya que al compartir información mucho después de haber finalizado el evento puede hacerle parecer irrelevante o anticuado. Normalmente, la gente que ve a empresas compartiendo información desfasada creerán que esta empresa no presta atención o en realidad no le importa lo suficiente como para mantenerse al tanto de lo que está pasando en su industria. Como resultado, la gente simplemente no le seguirá.

Recuerde, vivimos en la era digital donde la información está disponible rápidamente, y las modas pueden surgir y desaparecer incluso más rápido. Necesita estar listo para sumarse a estas tendencias y empezar a crear el nombre de su marca en la cresta de la ola y no una vez la tendencia o información empiece a disminuir en popularidad. Si encuentra que mantenerse a la moda es más difícil de lo que parece, intente buscar tres o cuatro personas o *blogs* a los que seguir que se sumen rápidamente a las nuevas tendencias y présteles atención únicamente a estos individuos o recursos. De esta forma, no se abrumará intentando seguir a demasiadas personas a la vez y no se perderá entre lo que es relevante, lo que es realmente tendencia y lo que es completamente irrelevante para usted y su público.

Dirigirse a su público con sus palabras

Ya sabe que la forma principal de dirigirse a su público es a través de *hashtags*, ya que puede alcanzar a nuevos miembros de su público y empezar a aumentarlo rápidamente. Sin embargo, hay otro elemento verbal que entra en juego a la hora de crear un impacto a través de sus pies de foto y escritura, y es utilizar palabras que repercutan en su público. No querrá usar palabras que no tienen sentido para su público o que suenen completamente irrelevantes o desfasadas, ya que perderá el interés en leer lo que tiene que decir y supondrá un esfuerzo seguir lo que está intentando decirles.

La mejor forma de hablar como su público es prestar atención a lo que les importa, siguiéndoles también a ellos y escuchando cómo hablan. Desplácese por sus noticias regularmente y realmente lea lo que la gente a la que sigue dice para que pueda hacerse una idea de su lenguaje, el tono de sus mensajes y si utilizan coloquialismos especiales como palabras, frases o acrónimos que usan para conectar con sus públicos. Cuanto más lea los comentarios y pies de foto de su nicho, podrá familiarizarse más con su forma de hablar, lo que están usando y lo que están leyendo. De esta forma, podrá empezar a emular su lenguaje en sus propias publicaciones y decir cosas de forma que tenga sentido para su público.

Cuando empiece a imitar a su público, hay algunas cosas de las que tendrá que abstenerse para evitar que su público desconecte de lo que está diciendo. La cosa principal es que necesita evitar emular a su público hasta el punto de que pierda su autenticidad porque suena igual que las personas que ya están leyendo. Tenga en mente la voz de su marca y su declaración de principios y adapte el lenguaje de la industria a su tono y no al revés. Si su tono parece demasiado fuera de lugar para su industria, puede considerar ajustarlo ligeramente para adaptarse más a las necesidades de la industria, pero no empiece a cambiar su enfoque con demasiada frecuencia o dará la impresión de ser falso o poco de fiar.

La segunda cosa que tiene que evitar es crear mensajes repletos de jerga de la industria que es probable que sus seguidores corrientes no entiendan. Si intenta usar jerga de la industria usada comúnmente entre personas que venden productos y servicios en la industria, pero es poco probable que la reconozcan las que compran o siguen a esa industria, puede que pierda a sus seguidores únicamente porque no le entienden. No querrá abrir brechas o crear confusión en la promoción de su marca usando un lenguaje que su público no entiende porque puede hacer que sea innecesariamente complicado seguirle y apoyar su negocio. No se complique, hable de una forma que su público entienda y adapte el lenguaje de la industria para que encaje con el mensaje y propósito de su marca.

Sacar provecho a las historias de Instagram

Las historias de Instagram son una herramienta poderosa que puede usarse, no solo para nutrir a sus seguidores actuales sino también para atraer nuevos seguidores a su negocio. Cuando usa sus historias de Instagram correctamente, puede crear un influjo importante de interacción de sus seguidores, añadir una oportunidad personal de conectar con su marca y crear una página en general más interactiva. En Instagram, a la gente le encanta interactuar con las marcas que adoran y consumir todo su contenido que puedan e Instagram ofrece multitud de formas para que los seguidores hagan exactamente eso. Según sube historias a lo largo del día, usted crea la oportunidad de que sus seguidores sientan que usted está realmente pensando en ellos durante todo el día, estableciendo una conexión de afecto y compasión entre usted y sus seguidores. Esto no solo ayudará a mantener a sus seguidores actuales, sino que también ayudará a que seguidores nuevos o potenciales vean lo interactivo e íntimo que es con sus seguidores, de manera que querrán ser parte de sus seguidores también.

La razón por la que las historias funcionan es simple: la gente es cotilla y quiere conocer información privilegiada. Esto no es algo malo, sino una simple experiencia humana donde todos queremos ser parte de algo superior a nosotros, y queremos conectar con aquellos a nuestro alrededor para formar parte de ese algo superior. Puede posicionarse como el facilitador de ese "algo superior" convirtiendo su marca en una experiencia que la gente pueda disfrutar, y una entidad con la que compartir relaciones profundas y compasivas. Las historias le ofrecen una gran opción para esto porque cada foto o vídeo corto que comparte refleja una parte de sus experiencias personales entre bambalinas. También puede organizar sus historias para ofrecer un estilo incluso más íntimo y exclusivo compartiendo cosas que permitirán que otros se sientan realmente conectados a usted a través de sus noticias.

La clave para que sus historias sean íntimas y usarlas para atraer a nuevos seguidores y mantener sus actuales es asegurarse que el contenido que comparte en sus historias sea exclusivo y completamente diferente de lo que está compartiendo en otras partes. Sea muy consciente de compartir cosas más personales y privadas de lo que compartiría en IGTV o en sus noticias porque de esta forma la gente cree que está realmente viendo una perspectiva privada de su marca. Las historias de Instagram ya son de algún modo exclusivas, ya que, tras 24 horas, desaparecen y no pueden verse más. Puede jugar con esta exclusividad compartiendo el contenido ideal, mencionando cosas que compartió en historias anteriores que sus seguidores nuevos no pueden ver, e incluso mencionando directamente que sus historias son exclusivas. Diga cosas como "No pierdas de vista mis historias porque voy a anunciar una oferta exclusiva aquí primero... ¡Consíguelo 3 días antes solo por ver la historia!" o algo parecido.

La última forma de sacar provecho a sus historias es haciendo historias destacadas, que permiten ver extractos exclusivos de sus historias previas a sus seguidores nuevos. Si usted viaja regularmente y suele compartir con la gente experiencias de viaje íntimas, como los restaurantes en los que cena o la gente que conoce, podría considerar compartir esto en sus historias. Después, puede destacar algunos momentos de sus viajes más interesantes o emocionantes para que su público nuevo pueda volver atrás en sus historias y sentirse conectado con usted más profundamente de inmediato. Usar así sus historias destacadas es una gran oportunidad para mostrar a sus nuevos seguidores lo que esperar, darles ese sentimiento de haberle conocido a usted y a su marca desde hace mucho tiempo y aumentar su interés en usted desde el principio.

Usar IGTV para conseguir más seguidores

IGTV es una forma fantástica de aumentar el número de seguidores, ya que estos vídeos están disponibles hasta que usted quiera, de manera que sus seguidores pueden ver vídeos en su canal IGTV que subió hace días, semanas, meses o, incluso años, cuando lleve el tiempo suficiente. Puede usar IGTV para conseguir nuevos seguidores creando excelentes vídeos de IGTV y promocionándolos después en otros sitios en Internet para que sea más probable que la gente acabe en su canal y lo vea. Una vez vean su vídeo y la calidad del contenido creado, pueden escoger seguir su página para ver más, si deciden que usted les gusta.

La gran oportunidad clave con IGTV es que puede promocionar su canal IGTV igual que un canal de Youtube o cualquier otro contenido de vídeo gratuito en la red. Al crear contenido fantástico y compartirlo en la red, puede animar a individuos a ir a su Instagram para poder ver realmente los vídeos. Esto significa que puede canalizar gente desde Facebook, Twitter, Snapchat, correo electrónico y cualquier otra red social en la que pueda estar, hasta Instagram, para que puedan ver su contenido gratis y aprender de él.

Para que su contenido sea popular, necesita que sus vídeos de IGTV merezcan ser vistos. En otras palabras, tiene que crear contenido de alta calidad, interesante y relevante al que su público realmente quiera prestarle atención para que cuando lo comparta en otras plataformas, sea más probable que acaben en su canal y vean el contenido que creó. La mejor forma de crear contenido de valor es ofrecer entretenimiento, conocimiento u orientación con relación a su industria para que su público esté más atento y lo vea. Por ejemplo, si es astrólogo o astróloga, puede crear vídeos diarios ofreciendo el horóscopo del día. Si es comentarista deportivo, puede crear un video semanal destacando los momentos deportivos más memorables de la semana, o las últimas estadísticas de jugadores famosos o equipos, según el deporte que comente. Si es un instructor o instructora, puede crear un simple tutorial de 10 minutos o menos sobre cómo su público puede hacer algo por ellos mismos relacionado con su industria o campo de especialización. Crear contenido de calidad como este, hace más sencillo que su público entienda por qué y cómo obtienen valor de su IGTV, lo que significa que será más fácil promocionarlo y conseguir tracción de esa oferta.

Una vez haya creado un contenido increíble, úselo de todas las formas posibles. Compártalo en todas sus redes sociales, hable de ello en sus historias, escriba sobre ello en su última publicación, y asegúrese de guardarlo para el futuro. Si crea contenido atemporal, siempre puede mencionar vídeos antiguos una vez hayan pasado unas semanas o meses para usarlos de nuevo como una oportunidad de promoción. Por ejemplo, si es un maquillador o maquilladora e hizo un tutorial determinado, puede promover el vídeo nada más hacerlo y mencionarlo más tarde si nota que alguien famoso llevó un estilo similar en un evento reciente. Esta es una gran oportunidad de crear una pieza de contenido de máximo impacto, ya que puede ganar incluso más seguidores de una excelente inversión de tiempo. En cuanto a *marketing*, ¡esto es de lo que se trata!

Sacar provecho de *influencers* de la forma correcta

Las marcas y los *influencers* van de la mano, ya que ambos son responsables de ayudar a que el otro triunfe. Si todavía no se había percatado, los *influencers* son individuos que amasan seguidores fieles en una determinada industria y después publicitan marcas específicas de esa industria a su público actual. Un gran ejemplo de *influencer*, o familia de *influencers* más bien, sería la familia Kardashian-Jenner-West que es conocida por convertirse y mantenerse famosa por una razón que la mayoría de la gente no puede entender. Esto es porque esta familia en particular saltó a la fama al mismo tiempo que se establecieron los *influencers* y sacaron provecho de su estrellato para empezar a hacer acuerdos con marcas y avalar empresas. A estas alturas, la mayoría de los integrantes de la familia tienen sus propios negocios también, aunque siguen ganando dinero por anunciar otros productos a sus públicos respectivos.

Los *influencers* están centrados únicamente en congregar una enorme cantidad de seguidores que les gusta y confían en ellos dentro de una industria específica que les interese más y después publicitar a sus seguidores los productos y empresas que les gustan. Como marca, puede usar a los *influencers* de su industria para que prueben sus productos o servicios y promocionarlos a su público. Como su público ya está establecido y confía en el *influencer*, puede estar seguro de que una vez el *influencer* haya probado y avalado sus productos, su reconocimiento y ventas aumentarán también.

La clave aquí es trabajar con los *influencers* correctamente. En Instagram, hay una tendencia desafortunada de empresas intentando trabajar con *influencers* pero procediendo de forma errónea, lo que les hace perder mucho dinero en esta área de crecimiento potencial. Estas empresas, sin saber que están cometiendo semejantes errores drásticos, se encuentran intentando trabajar con *influencers* de poca calidad, o individuos que todavía no son *influencers* reales, lo que supone que no consiguen un gran impacto. En vez de poner sus productos en manos de gente que puede marcar la diferencia, intentan dárselos a gente que no tienen un impacto real en su público. Normalmente, animarán a potenciales *influencers* a comprar sus productos y ganar dinero cuando sus seguidores compren los productos. Al final, la forma principal de ganar dinero para la empresa es cuando los aspirantes a *influencers* compran sus productos en vez de cuando los promocionan a su público objetivo. Cuando las empresas usan este método, acaban pareciendo correo basura o simplemente descuidadas, es decir, empresas de segunda categoría de las que no se pueden fiar ni invertir en ellas. A la larga, esto lleva a una práctica insostenible que puede acabar prematuramente con una empresa que de otra manera podría haber triunfado en el espacio online.

Si realmente quiere sacar provecho de los *influencers*, tiene que asegurarse de que sus productos o servicios acaban en manos de gente que de verdad puede tener un impacto en su crecimiento porque ya están conectados con su público objetivo. Aunque puede que pierda dinero dando productos gratis a estos *influencers*, acabará ganando dinero porque llevarán mucho tráfico a su perfil y su página web. Para crear este impulso positivo y eficaz en su negocio, tiene que cerrar tratos con los *influencers* correctos. Sea muy consciente y cauteloso sobre a quién ofrece sus productos o servicios y asegúrese de que cada *influencer* con el que trabaja realmente puede impactar positivamente en su negocio. Igualmente, contacte con ellos de forma profesional a través de sus mensajes o correo electrónico, si lo proporcionan, y no a través de su sección de comentarios en sus fotografías, ya que parece poco profesional y como mensajes basura. Si quiere que su empresa parezca elegante, respetuosa y digna de confianza y de invertir en ella, necesita hacer estas inversiones a largo plazo adecuadamente.

Aumentar la visibilidad de sus publicaciones

Cuando publica en Instagram, quiere estar seguro de que realmente se vean sus publicaciones para maximizar su visibilidad, interacción y tracción en general. El algoritmo de Instagram favorece a los individuos que consiguen mucha tracción en sus publicaciones rápidamente asegurando que incluso más gente vea estas publicaciones al colocarlas en posiciones más favorables. Si quiere conseguir estas posiciones más favorables, hay algunas cosas que puede hacer para conseguir la máxima visibilidad y ganar más seguidores en general.

Como ya sabe, un horario de publicación es una forma valiosa de empezar a incrementar la visibilidad de sus publicaciones porque le permite ponerse al principio del todo de las noticias de "buscar y explorar" al mismo tiempo que su público está buscando su tipo de publicaciones. También puede interactuar con otra gente antes de publicar para así aparecer más arriba en sus noticias con sus publicaciones nuevas. Otra forma de aumentar su visibilidad es escoger *hashtags* usados solamente 300.000 veces o menos en total, ya que estas hacen que sea más sencillo para usted aparecer en la sección de "publicaciones destacadas" de ese *hashtag*. La mayoría de la gente ojeará estas publicaciones primero, de manera que, que le vean en esta sección asegura que la gente en su público objetivo le vea con más frecuencia.

Otra forma de ampliar su visibilidad es creando publicaciones de alta calidad y publicarlas sistemáticamente entre una y tres veces al día. Cuanto más publique, más será visto, y si la calidad de su contenido es mayor, la gente va a continuar siguiéndole y prestando atención a su página. Cuando publique, siga todas las estrategias del capítulo 8 para crear contenido en el que la gente quiera fijarse e interactuar con él. Nunca publique una foto con demasiada poca calidad, ya que puede acabar con menos seguidores o que la gente deje de seguirle porque piense que su calidad está bajando. Puede que note que los *influencers* y marcas más grandes publican de vez en cuando fotografías de poca calidad, y la razón por la que pueden hacerlo es sencilla. Ya tienen una gran cantidad de seguidores y es poco probable que sufran las consecuencias por una imagen. Usted, en cambio, puede recibir un gran golpe al principio. Tiene que evitar que la gente piense que está publicando de ninguna manera contenido de poca calidad, ya que puede perder credibilidad y seguidores.

Por último, si quiere conseguir de verdad la máxima visibilidad, interactúe específicamente con la gente que le está siguiendo. Estos son los individuos que ya le están viendo en sus noticias, de manera que lo más probable es que sean ellos los que interactúen con usted rápidamente después de publicar contenido nuevo. Si puede conseguir que sus seguidores actuales interactúen con usted rápidamente, será más fácil para sus nuevos seguidores encontrarle en sus páginas de "buscar y explorar" o en las pestañas de publicaciones destacadas, facilitando que su público objetivo le descubra y le siga.

Interactuar con sus seguidores

Esto nos lleva a nuestro siguiente paso: ¡interactuar con sus seguidores! Esta es una forma fantástica de mantener sus seguidores actuales, pero también de descubrir nuevas personas que querrán seguirle. Piénselo así: sus seguidores actuales ya forman parte de su público objetivo, lo que significa que probablemente conectan con personas que son parte de su público objetivo también. Al ir a la página de sus seguidores y conectar con ellos a través de su contenido, establece una conexión mayor con estos, aumentando también su capacidad de ser encontrado por sus seguidores y amigos. Cuando su público ve que comenta en sus publicaciones, si están interesados en lo que su marca tiene que ofrecer, puede que vayan a su página y le ubiquen. Así que, esto no solo mejorará los resultados del algoritmo a su favor, sino que también añadirá otra avenida para que la gente le descubra en Instagram.

Otra forma de aprovechar sus actuales seguidores para conseguir más es ir a la página de sus seguidores y pulsar en fotos relevantes para su industria. Por ejemplo, si vende bicicletas y un seguidor publica una imagen suya haciendo ciclismo de montaña campo a través, esto sería relevante para su industria. Después puede mirar la lista de todos a los que les ha gustado esa foto y empezar a interactuar con estos individuos yendo a sus páginas, indicando que le gusta su contenido, comentando en algunas de sus fotos que le gusten y siguiendo a ese individuo. Esto muestra un interés genuino, le ayuda a destacar frente a esta persona y aumentar las posibilidades de que le siga a usted también. Instagram solo permite seguir o dejar de seguir a 60 personas cada hora, así que tenga cuidado a la hora de utilizar esta herramienta para que no parezca que está acribillando o agobiando al algoritmo o a su público.

Una vez le sigan estos individuos, su proceso de revisar sus seguidores e interactuar con su contenido le ayudará aún más a mantener y aumentar su número de seguidores porque deja claro que a usted les importa. Si interactúa con alguien solo para conseguir que le sigan y nunca más se comunica con esta persona, la gente empezará a ver su marca como superficial y puede llevar a que dejen de seguirle o interactuar con su contenido. Sea genuino y esté en contacto con ellos lo máximo que pueda para que siempre esté forjando mejores relaciones con su público actual y nuevas relaciones con su público potencial.

Por último, siempre que su público conecte con usted comentando sus fotos, contestando a sus historias o mandándole mensajes, asegúrese de interactuar también con ese individuo. Esto muestra que ellos, y lo que tienen que decir, le importa de verdad, y crea una relación positiva entre usted y ese individuo. Cada día, dedique parte de su tiempo a responder a todas estas formas de interacción para invertir en construir un público comprometido. En Instagram, que se basa en su experiencia social, devolver un poco esa interacción puede ofrecerle mucho en cuanto a cimentar aficionados y relaciones de por vida con su público.

Analizar sus resultados para incrementar su crecimiento

Finalmente, tiene que analizar sus resultados en Instagram para incentivar un mayor crecimiento de su plataforma. Puede analizar sus resultados a través de las estadísticas dentro de la *app* de Instagram o a través de una aplicación de terceros, si decide usar una de esas. Puede proceder como se desenvuelva mejor, siempre que las revise regularmente para ver cómo está rindiendo su contenido. Al consultarlas periódicamente, puede monitorizar claramente tendencias de lo que le gusta más a su público, qué contenido consigue más interacción, y qué obtiene más "me gusta" en su página. Mientras vigila estas tendencias, se hará más sencillo para usted entender qué tipo de imágenes, contenido y ofertas le gusta más a su público, lo que significa que todo lo que tiene que hacer es empezar a crear más contenido de este tipo en su página.

Sus estadísticas no solo van a ayudarle a descubrir qué tipo de contenido necesita crear para su página, sino que también le ayudarán a determinar qué debería estar creando y ofreciendo más a su público. Estos números le dirán exactamente qué productos o servicios disfruta más su público y qué compran más. Con esta información puede ofrecer más productos o servicios en línea con lo que más le gusta a su público. Si su negocio está únicamente en Instagram, puede crear ofertas específicas para su público en esta plataforma y simplemente centrarse en expandir su empresa en el área que su público de Instagram le gusta más. Si su negocio está en varias plataformas, entonces puede fijarse en sus estadísticas en todas las plataformas e incorporarlo en sus futuras ofertas. Si descubre que los datos varían de una plataforma a otra, considere crear una variedad de ofertas y vender las que mejor funcionan en cada plataforma exclusivamente en esa. Por ejemplo, si es un técnico o una técnica informática y se da cuenta de que en Instagram la gente está más interesada en comprarle productos técnicos y accesorios, pero en Facebook le compran más sus servicios en concreto, puede promocionarlos respectivamente. Cuando tenga un producto nuevo disponible, concentre la promoción de ese producto en Instagram y solo ligeramente en Facebook. Entonces, cuando tenga un servicio que ofrecer, dé más importancia a la promoción en Facebook y menciónelo únicamente un par de veces en Instagram. De esta forma, ambos públicos saben que hay más de su negocio que lo que está compartiendo exclusivamente en esa plataforma, pero no está bombardeando a ninguno de los públicos con contenido al que normalmente no van a prestar atención.

La última parte de sus estadísticas que tiene que revisar para asegurar un crecimiento eficiente es la relación entre su público en Instagram y su público objetivo real. En Instagram, unos cuantos errores accidentales pueden llevar a tener un público completamente fuera de su objetivo, con lo que puede acabar teniendo muchos seguidores que en realidad no están interesados en comprarle nada a usted o a su empresa. Si nota que su público objetivo y su público en

Instagram no están en línea, o que su público en Instagram parece interactuar con su contenido, pero realmente nunca compra nada, necesita examinar su estrategia. Tiene que reforzar las partes de su público que verdaderamente van a sustentar sus ratios de conversión al convertirse en clientes rentables; si no, su tiempo empleado en Instagram será inútil.

Si se da cuenta de que no consigue el impacto deseado, vuelva al principio de este libro y empiece a revisar los capítulos donde hablamos sobre cómo definir su nicho y encontrar su público en Instagram. Refrescar esta información y continuar con una perspectiva renovada le puede ayudar a conectar realmente con la gente con la que pretende conectar, ¡como aquellos que quieren pagar por sus productos o servicios!

Capítulo 11: Vender en Instagram

Vender en Instagram se produce en tres simples pasos: crear embudos de ventas; promocionar a la gente que es más probable que compre, y usar anuncios para alcanzar a esa gente eficazmente. En este capítulo, vamos a explorar estas tres oportunidades para vender y cómo usarlas para maximizar sus conversiones a través de la plataforma de Instagram.

Aunque hay muchas formas de redactar sus textos de ventas y muchas áreas en las que publicar en Instagram, normalmente hay tres formas en las que va a poder encontrar seguidores que realmente quieran pagar por sus productos. Los embudos de ventas son la primera, y se usan para dirigir a gente por su perfil de forma metódica para que finalmente hagan clic en su enlace y compren los productos que usted ya les creó interés online. Estos son los más fáciles de crear, pero conllevan algo de práctica, ya que puede ser complicado saber cómo dirigir a la gente sutilmente por su perfil a través de sus historias, publicaciones y vídeos de IGTV. La segunda forma de vender en Instagram es arrastrar a gente a su tienda, si tiene una, con *marketing* local. Lo que lleva leído ha estado dedicado a localizar clientes globales, así que vamos a centrarnos en atraer clientes locales si dirige un negocio físico en su ciudad. Para terminar, los anuncios son otra forma fantástica de vender, ya que dejan claro desde el principio que hay algo que se puede comprar. Puede usar anuncios como publicaciones o historias, dependiendo de su presupuesto y dónde cree que sus anuncios van a conseguir la mayor tracción.

Crear embudos de ventas en Instagram

Dado que Instagram ofrece abundantes oportunidades de conectar con sus seguidores, es fácil para usted encajar Instagram dentro de su embudo de ventas y empezar a conseguir un ratio de conversión mayor a través de su cuenta. Construir su embudo de ventas en Instagram le llevará algo de planificación, ya que tiene que cerciorarse de que cada canal en la plataforma está dirigiendo a gente a través de un "embudo" hasta que acaben en su página web y encuentren sus productos para que puedan empezar a comprar con usted. Hay dos formas diferentes de arrastrar a gente a su página web: directa o indirectamente.

Mover directamente a gente a su página web significa que hace una publicación e inmediatamente manda a gente a su página web para que puedan empezar a comprar con su marca. Usted hace esto cada vez que publica algo y anima a la gente a ir al enlace en su biografía y comprar el producto o servicio del que estaba hablando en la publicación. También puede tener el mismo impacto mandando a gente a su enlace a través de sus historias o su canal de IGTV. Mientras que esté directamente pidiendo a alguien que vaya a su enlace, está directamente encarrilándole a través de su embudo. Esto significa que los embudos directos tendrán un elemento directo, ya que en algún momento tendrá que redirigir a gente de su perfil de Instagram a su página web.

Los embudos de ventas indirectos son una forma genial de ofrecer abundante información a su público antes de que abandonen su página para ojear su página web como les ha dicho que hagan. Dado que les está conduciendo por dos o tres publicaciones, puede proporcionar bastante información y conocimiento diverso sobre sus productos, servicios o marca antes de que terminen en su página web. Hay muchas formas diferentes de dirigir a la gente por su perfil de Instagram, dependiendo de lo que intente lograr y el tipo de contenido que tiene que ofrecer. Por ejemplo, puede animar a alguien que está viendo su historia a mirar una publicación, y después, cuando ojeen la publicación, puede tener un extracto escrito que le motiva a ver su último vídeo de IGTV y después ese vídeo le puede llevar a su página web. También puede tener una publicación que dirige a la gente a su página web y, después, usar sus historias, IGTV y vídeos en directo para conducir a todo el mundo a esa primera publicación, donde leen su contenido antes de hacer clic hacia su web.

Cómo escoge canalizar a la gente a través de su página y hacia su web depende de usted, aunque siempre debería hacer esto o trabajar hacia crear un embudo para asegurar que está dirigiendo a la gente a donde puedan pagar por sus productos y servicios. Dicho esto, absténgase de basar todas las publicaciones, historias y vídeos en promocionar o canalizar a gente porque se darán cuenta rápidamente de lo que está haciendo y dejarán de seguirle. Algunas de sus publicaciones deberían estar dedicadas exclusivamente a atraer nuevos miembros de su público a su perfil a través de contenido valioso, información interesante, imágenes de alta calidad, y estrategias para forjar relaciones como las expuestas previamente en este libro.

Por supuesto, si está construyendo un embudo de ventas en su perfil de Instagram, es lógico que incluya este embudo de ventas en su página web también. Cuando la gente llegue a su página web, deberían ser paseados claramente por su sitio web para aprender más sobre quién es y qué tiene que ofrecer antes de que lleguen a una página donde puedan ver sus productos y servicios. De esta forma, ya saben que les gusta su marca y que quieren trabajar con usted o comprarle cosas incluso antes de llegar a su página de ventas. También debería tener un mensaje emergente para capturar correos electrónicos en su web para empezar a almacenar los correos de la gente y crear un boletín electrónico dentro de su embudo. Recuerde: algunas personas tendrán que aterrizar en su sitio web varias veces antes de que realmente paguen por sus productos o servicios. Va a tener que canalizar continuamente a la gente hacia su página web y dar a conocer sus ofertas para que la gente pueda acabar constantemente en su web y después tomar la decisión de comprarle algo. Lo crea o no, cuanta más gente acabe en su página web, más conectados se sienten a usted, así que, aunque no compren nada inmediatamente, recordarán sus visitas previas y empezarán a sentirse motivados a comprarle cuantas más veces aterricen en su página.

Estrategias de *marketing* local

La mayoría de las estrategias que hemos estado usando para conseguir posibles nuevos clientes son bastante generales y funcionan genial si está dirigiendo un negocio global o remoto donde la ubicación de sus clientes no es del todo importante. Sin embargo, si usted dirige un negocio local, tendrá que abordar su estrategia de *marketing* de forma un poco diferente para que pueda llegar hasta su público objetivo en su área local. La forma de enfocarse en su mercado local es simple, aunque requerirá un poco de planificación y práctica por su parte para alcanzar a la gente con la que tiene la intención de contactar.

Lo primero que debería estar haciendo es buscar *hashtags*, especialmente aquellos relacionados específicamente con su industria. Por ejemplo, si hace velas como profesión, puede usar *hashtags* como #velasmadrid o #velasbuenosaires que son exclusivos de su área local. También puede empezar a usar *hashtags* específicos para emprendedores o determinadas aficiones relevantes en su área local para que cuando tome fotos, pueda usar estos *hashtags* y conectar con otra gente en su área que estaría interesada en lo que tiene que ofrecer. Al usar *hashtags* locales de esta forma, puede asegurarse de que alcanza a la gente que está cerca de usted y accede a su mercado local, que será más relevante para su público objetivo.

Otra forma de promocionar sus productos o servicios a su público local es en persona, usando estrategias para arrastrar a la gente que conoce en persona a su cuenta de Instagram. Ya que, probablemente, está usando otros métodos de difusión en persona para conectar con su público local, puede usar esto como una oportunidad para que la gente le siga en Instagram y usar esta plataforma para mantenerles al tanto de sus últimas ofertas, rebajas, y nuevos productos o servicios. Muchas marcas harán esto informando a gente sobre su Instagram por el boca a boca; incluyendo su nombre de usuario de Instagram en sus tarjetas de visita, y poniendo su nombre de usuario en algún lugar de su tienda física para que la gente lo pueda encontrar y verlo. Una forma especialmente singular de que la gente promocione su marca en persona es ofrecer un momento fotográfico para que la gente se saque fotos en su propia tienda. En este momento fotográfico, normalmente incluirán el nombre de la tienda y un *hashtag* exclusivo que la gente puede usar para etiquetar la tienda y su *hashtag* exclusivo en su foto, que no solo conecta el público local con la marca, sino que también genera una promoción sin coste. Otra práctica similar que se ha usado en cafeterías y bares es tener el logo de Instagram dibujado en la pizarra de especiales con el nombre de usuario del establecimiento a su lado y el número de seguidores de la empresa actualizado en vivo. Cada vez que alguien nuevo les sigue, actualizan el número en la pizarra para que puedan compartir su crecimiento con su público personal ahí mismo en su tienda.

Lo ideal sería usar todas las estrategias diferentes que pueda para arrastrar a su público online a su local físico, y viceversa. Cuanto más pueda conectar con gente, tanto online como offline, más relevante se mantendrá en sus vidas y, por tanto, será más probable que consiga vender a través de sus estrategias de *marketing* en Instagram.

Diseñar anuncios

La última forma de aumentar las ventas desde Instagram es usando anuncios, que pueden aparecer en la sección de noticias o historias, dependiendo del tipo de anuncio que decida pagar. Puede usar uno u otro, o mejor, puede usar ambos en su plataforma para que pueda alcanzar a todas las personas que pueda según su método de consumo de contenido preferido en Instagram. Si tiene seguidores que prefieren consumir contenido a través tanto de las noticias como de las historias, se encontrarán con sus anuncios el doble de veces, de manera que será el doble de probable que sigan el enlace y vean lo que tiene que ofrecer.

Hay tres tipos diferentes de anuncios que puede ofrecer en Instagram: vídeos, imágenes estáticas y carruseles de imágenes. Un carrusel de imágenes no funcionará en los anuncios de las historias de Instagram, así que tendrá que elegir un método diferente de anuncio si va a usar historias de Instagram. Cada anuncio tiene sus propias ventajas exclusivas, aunque el asunto es que cuanto más exponga su marca frente a su público, será más probable que hagan clic en el anuncio y vean su página web o le sigan. Además, sus anuncios se dirigirán a más gente que simplemente su público actual, lo que le proporcionará un canal adicional para ayudarle a captar nuevos seguidores y clientes a través de la plataforma.

Puede configurar sus anuncios en Instagram yendo a su cuenta de Facebook y abriendo una cuenta publicitaria. A continuación, puede pulsar "Crear un anuncio" en el lado izquierdo de la pantalla y necesitará seguir las indicaciones que le facilitan. El administrador de anuncios de Facebook le preguntará cuáles son sus objetivos con su anuncio, qué quiere que haga la gente cuando vea su anuncio y cómo quiere diseñar el anuncio. Puede, entonces, diseñarlo y escoger en qué plataformas quiere que aparezca, cómo, por cuánto tiempo y con qué presupuesto. También determinará quién quiere que vea el anuncio según su grupo demográfico, intereses, y si ya están siguiéndole. Una vez haya establecido estos parámetros, todo lo que tiene que hacer es publicar el anuncio y empezará a aparecer en todas las áreas donde indicó que lo haría.

A la hora de desplegar anuncios, es importante que use imágenes de alta calidad que sean muy claras respecto a lo que están anunciando para que su público inmediatamente sepa lo que está compartiendo con ellos y si despierta su interés o no. También necesita usar un pie de foto directo, atrayente e interesante. Básicamente, debería seguir exactamente los pasos descritos en el capítulo 8. Asegúrese de que echa el resto con estas publicaciones para crear algo digno que haga que la gente se detenga y le preste atención a lo que le está promocionando.

Si no es un experto o experta en tecnología o está teniendo problemas para crear imágenes eficaces para sus anuncios, puede considerar contratar a una agencia profesional de publicidad de redes sociales para ayudarle a crear anuncios de alta calidad. Muchos individuos se dedican profesionalmente a crear anuncios y subirlos a las redes sociales para que pueda empezar a ver mejores resultados de sus anuncios de pago. Mientras que esto le costará más dinero, porque está pagando a otra persona por diseñar sus anuncios, probablemente consiga mayor tracción, de manera que merezca la pena la inversión.

Capítulo 12: Cuando los gurús mienten

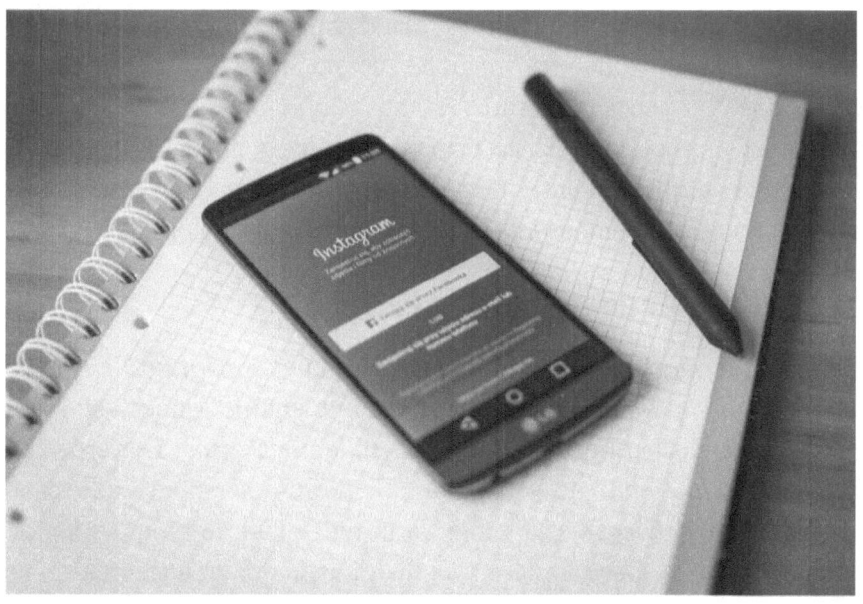

Desde el lanzamiento de Instagram ha habido muchos "gurús" que sostienen que saben exactamente cómo conseguir que se vean sus publicaciones, hacer que crezca su página más rápido y que le vean.

Presumen de tener una estrategia única si su página no tiene la suficiente tracción, y pueden conseguirle miles de seguidores "reales" de la noche a la mañana. Siendo realistas, estos gurús normalmente sueltan disparates que no le ayudarán realmente a expandir su página adecuadamente. En este capítulo, vamos a hablar sobre seis mitos muy comunes que los llamados gurús del *marketing* e Instagram defienden, y la verdad sobre ellos.

Mito #1: Instagram no importa

El primer mito extendido por gurús del *marketing* es que Instagram no importa y que puede expandir su negocio fácilmente en cualquier otro sitio sin usar esta plataforma. La realidad es que Instagram es, de hecho, una de las redes sociales más grandes y prácticamente todas las empresas pueden aumentar su público y su tasa de conversión a través de Instagram si lo usan de forma apropiada. No hay modelos específicos que funcionan mejor en Instagram, ya que cada empresa puede entrar en la plataforma y empezar a crear su estrategia exclusiva que les funcione mejor. Si tiene una empresa en el siglo XXI, necesita desarrollar su público en esta red social. Incluso si su público consiste principalmente en ancianos o niños o gente que probablemente no esté en Instagram, la gente que mantiene a estas personas a la hora de comprar sí está en Instagram.

Mito #2: Puede ser bloqueado

En 2018, surgió un mito inmenso de que Instagram le puede bloquear (o *shadow ban*), que básicamente significa que Instagram no mostrará sus publicaciones a nadie en la plataforma. La verdad es que los *shadow bans* no son reales. Si fuese a ser bloqueado o no mostrase sus imágenes a la gente en la red social, le bloquearían de verdad, en vez de hacerlo de forma disimulada donde Instagram ni se molesta en informarle. Lo que normalmente pasa cuando la gente afirma que ha sido *shadow banned* es que no están utilizando estrategias de *marketing* eficaces y, por tanto, nadie más los ve en la plataforma. Si solo consigue una interacción mínima, lo más probable es que no esté usando publicaciones y estrategias de *marketing* eficientes y, por consiguiente, su visibilidad orgánica es baja, y necesita trabajar más para aumentar su visibilidad. Considere usar las estrategias descritas previamente en este libro para ayudarle a conseguir la máxima visibilidad y empezar a conseguir más seguidores en Instagram.

Mito #3: No importa el contenido de vídeo

Mucha gente se siente intimidada por la creación de contenido de vídeo y, lamentablemente, algunos estrategas de *marketing* mediocres les dicen que pueden usar la plataforma de forma eficaz sin vídeos para comercialización. La verdad es que puede usar la plataforma y conseguir triunfos sin vídeos, pero no va a estar ni cerca de conseguir todo lo que podría si incorporase contenido de vídeo en su estrategia. En el fondo, sus seguidores quieren sentirse conectados con su marca y con la gente que la dirige, y eso se hace mejor creando contenido de vídeo para que sus seguidores interactúen con él. Puede crear contenido de video a través de sus historias, vídeos en directo, IGTV o incluso creando vídeos cortos para usar en sus publicaciones o anuncios.

Cuando esté creando vídeos, asegúrese de crear vídeos de alta calidad y de que se concentra en sentirse a gusto frente a la cámara. Ya que el vídeo *marketing* está creciendo en popularidad, muchas personas están usando equipos de alta calidad, iluminación profesional y salen bien en cámara. Aunque no necesita un equipo profesional ni ser una estrella de la televisión, usar iluminación de alta calidad o colocarse con luz natural, usar una cámara que grabe al menos en 1080p (la mayoría de los *smartphones* graban en 1080p o 4k), y practicar habitualmente es crucial. Cuanto más practique grabar vídeos, más cómodo se sentirá al crearlos, y sus vídeos serán mejores con el tiempo. A medida que crezca, puede considerar trabajar con un cámara profesional para crear vídeos profesionales para sus anuncios y publicaciones. De nuevo, no es necesario, pero, por supuesto, puede hacerlo si quiere superarse y tener contenido de alta calidad.

Mito #4: La interacción simplemente surge

Otro mito muy común en la industria del *marketing* es decir que la interacción simplemente surge. Esto estaría en línea con "créelo y vendrán", que es completamente falso. Este mito no era correcto antes de Internet y continúa así incluso con Internet. La realidad es que no es el trabajo de sus seguidores seguirle, es su trabajo el encontrarles. Es usted el que está creando productos y servicios e intentando encontrar gente que los compre, así que necesita esforzarse para poner a su marca frente a la gente y ganarse su confianza y lealtad.

Cuando entra en Instagram, tiene que estar dispuesto a hacer lo necesario para empezar a crear interacción en la plataforma. Tiene que aceptar su responsabilidad si su interacción no está aumentando y no consigue el número de seguidores que le gustaría. Al final, el problema no son sus seguidores sino su inhabilidad para contactar con ellos de forma efectiva, así que necesitará hacer lo necesario para ajustar su enfoque para ponerse frente a sus seguidores y ser visto. Si no consigue los resultados que desea, analice sus estadísticas y busque oportunidades para empezar a crear un mejor efecto en la plataforma.

Mito #5: Las estadísticas no importan

Aunque no tiene que prestar atención exactamente a sus estadísticas, está garantizado que si no lo hace no generará el impacto que desea. Sus estadísticas literalmente le dicen de forma precisa lo que le gusta a su público, lo que no le gusta y qué quieren ver más de usted en su página de Instagram. Si no vigila sus estadísticas y ofrece más contenido basado en lo que a su público le gusta, podría estar perdiendo dinero porque está ignorando directamente lo que su público le dice. Cuando esté creando nuevo contenido, revise sus estadísticas para ver lo que más les gusta a sus seguidores y cree más contenido de esa naturaleza. Si está publicando contenido que normalmente no recibe muchos me gusta en su perfil, intente utilizar estrategias de sus publicaciones eficaces para crear una publicación de mayor calidad que consiga mejor participación. Siempre hay formas en las que sus estadísticas pueden ayudarle a crear contenido de mayor calidad, así que no subestime esta información basado en la falsa creencia de que "las estadísticas no importan".

Mito #6: El éxito está garantizado

Para finalizar, como con todo, el éxito nunca está garantizado. El mito de que puede entrar en Instagram y triunfar fácilmente como empresario o empresaria de la noche a la mañana es falso y, en muchos casos, será una peligrosa pérdida de tiempo para su negocio si cree eso. Puede que la estrategia con la que entre en Instagram no sea lo suficientemente fuerte como para hacer que su empresa triunfe en Instagram y, si se niega a adaptarse a la plataforma y aprender sobre la marcha, puede que nunca llegue el día donde alcance sus metas en la red social. Por desgracia, mucha gente le dirá que puede garantizar su éxito si sigue ciertas estrategias, se comporta de determinada forma o participa de una forma particular. La verdad es que no todo el mundo triunfará en Instagram porque no todo el mundo está preparado para someterse a la curva de aprendizaje de la plataforma y empezar a trabajar con ella en vez de a su manera propia. Aunque la autenticidad y la simplicidad son claves, si no comparte cosas que la gente quiera ver y prestarle atención, simplemente no conseguirá tracción en la red social. A fin de cuentas, Instagram no es para todos, y si no está preparado para aguantar la curva de aprendizaje; aprender a analizar sus datos; crear contenido de alta calidad y crecer con la plataforma, su éxito no está, efectivamente, garantizado.

Conclusión

Enhorabuena por completar el libro *Marketing en Instagram: cómo dominar su nicho en 2019 promocionando su pequeña empresa y marca personal en una red social súper popular y aprovechar a sus influencers*.

Este libro se escribió para ayudarle a lanzar o expandir su negocio en Instagram en 2019. Aunque puede ser difícil determinar exactamente qué nuevas funciones saldrán en 2019 o qué tendencia surgirá, una cosa está clara: algunas tendencias no se van a ninguna parte y probablemente evolucionarán a lo largo de 2019. Si quiere expandir su negocio de forma masiva en esta plataforma, necesita hacerlo lo mejor posible para subirse al carro de estos cambios, esforzarse para establecerse, y centrarse en crear una consistencia en su planificación para Instagram. Cuanto más consistente sea, más crecerá su número de seguidores y los retendrá más debido a su interacción e imagen uniforme.

Espero que, tras leer este libro, se sienta más seguro para establecer una estrategia de *marketing* potente en Instagram que pueda usar para abordar esta red social en 2019. Desde generar contenido de alta calidad hasta poner ese contenido frente a su público y aprender a aumentar su participación, hay muchas estrategias necesarias para expandir su cuenta de Instagram. Dicho esto, una vez aprenda cómo funciona el proceso, parecerá sencillo usar Instagram, y seguirá consiguiendo el máximo crecimiento a lo largo del tiempo. Las etapas de aprendizaje iniciales son las más complicadas, pero una vez le pille el tranquillo, será mucho más fácil crecer en Instagram o en cualquier otra plataforma que pueda estar usando para expandir su negocio online.

Recuerde: según erija su cuenta, siempre busque crear embudos de ventas que pueda usar para dirigir a gente desde su perfil hasta su página web para que puedan empezar a aprender sobre sus productos y servicios. Aunque puede que no le compren la primera vez que acaben en su página, cuantas más veces lleguen ahí, más probable será que compren algo de su empresa. Además, es una forma fantástica de llevar nuevos seguidores a su sitio web para que pueda empezar a forjar reconocimiento de marca e interés en estos nuevos seguidores también.

Una vez haya terminado de leer este libro, la mejor forma de proceder es asegurarse de que su cuenta refleja su marca: empiece a crear una imagen atractiva en su cuenta y después empiece a amasar seguidores usando las estrategias propuestas en este libro. Una vez haya colocado la base, simplemente necesita ser constante para conseguir crecer.

Por último, si disfrutó de este libro y sintió que le ayudó a entender cómo plantearse mejor Instagram en 2019, por favor, dedique algo de tiempo a escribir su opinión sobre el libro en Amazon Kindle.

¡Gracias y mucha suerte en 2019!

www.ingramcontent.com/pod-product-compliance
Lightning Source LLC
Chambersburg PA
CBHW021813170526
45157CB00007B/2569